अन्तस के रंग

सतीश श्रीवास्तव
पूर्व सदस्य न्यायाधीश
औद्योगिक न्यायालय
मध्यप्रदेश

AF658652

TRUE SIGN
PUBLISHING HOUSE

प्रकाशक : ट्रू साइन पब्लिशिंग हाउस
पता: जी-3, एचडीबी आर्केड, दूरसंचार नगर,
गुलमोहर भोपाल, मध्य प्रदेश-462039 भारत
ईमेल : truesignbooks@gmail.com
वेबसाइट : www.truesign.in

© लेखकाधीन

अन्तस के रंग

रचनाकार: सतीश श्रीवास्तव

ISBN: 978-93-6881-690-4

संस्करण: 2025

बिना प्रकाशक की लिखित अनुमति के इस पुस्तक या इसके किसी भाग का कोई भी व्यावसायिक इस्तेमाल नहीं किया जा सकता है, न ही इसको कोई कॉपी करायी जा सकती है, न रिकार्डिंग और न ही कंप्यूटर या किसी अन्य माध्यम से स्टोर किया जा सकता है।

भूमिका

अपने विद्यार्थी जीवन के बीते समय से ही मुझे अपने विचार, अपनी सोच, अपनी भावनाएं कविता के माध्यम से प्रकट करने का शौक था। मैंने उस समय के क्षणों को अपनी कविताओं में कैद ज़रूर किया था, किंतु वे मुझ तक ही सीमित रहीं। तब मैं समाज के साथ अपनी व्यथा अथवा समस्या साझा नहीं करना चाहता था।

आगे के जीवन में वकालत करते हुए श्रम न्यायपालिका में चयन के उपरांत 27 वर्ष पश्चात सदस्य न्यायाधीश, औद्योगिक न्यायालय के पद से दिनांक 30.09.2004 को सेवा निवृत्त हुआ। सेवा निवृत्ति के बाद लेखन कार्य पुन: शुरू किया। निष्कर्ष आपके सामने है और आज इसे बाँटने में न कोई संकोच है, न भय, न कोई हिचकिचाहट।

"अंतस के रंग" में मैंने अपने जीवन की विभिन्न अनुभूतियों को शब्दों में संजोया है।

आभार मानता हूँ अपनी जीवन संगिनी सुषमा का, बेटी अंशु व सचिता का और बेटे विवेक का, जिन्होंने मुझे कविता लेखन की यात्रा पर निरंतर चलते रहने के लिए प्रोत्साहित किया, मुझे पढ़ा, सुना, अपना समय दिया।

प्रकाशक श्री शिव गणेश प्रजापति जी का बहुत-बहुत आभार, जिन्होंने अपनी कुशल सूझबूझ एवं योग्यता के साथ मेरी रचनाओं को क्रमबद्ध करते हुए सार्वजनिक पटल पर प्रस्तुत करने के मेरे स्वप्न को साकार किया।

और सबसे अधिक ईश्वर का, जिसने मेरे भीतर की इस चिंगारी को कभी बुझने नहीं दिया।

मेरे इस अल्प प्रयास को यदि सुधि पाठकों का स्नेह मिलता है तो यह मेरा सौभाग्य होगा।

आपका शुभाकांक्षी

-सतीश श्रीवास्तव

समर्पण

श्रद्धेय मामा जी स्वर्गीय डॉ. के. के. श्रीवास्तव को समर्पित

जिन्होंने सदा मुझे अपनी रचनाएं प्रकाशित करने के लिए प्रोत्साहित किया,
जिनके आशीर्वाद से मैं "अंतस के रंग" को मूर्त रूप दे सका।

सादर नमन।

-सतीश श्रीवास्तव

अनुक्रम

नमामि नमामि नमस्तुते

(१)
गुरु देव स्वामी जी
वेद पुराण के ज्ञानी
जाने कहाँ से आए
दतिया नगरी भाई
माई महाराज की प्रतिष्ठा कराई
घुमावती का आवाहन कीन्ही
चीन से भारत धरती छीनी
शयन कक्ष से दर्शन दीन्ही
मेरे सब दु:ख हर लीन्ही
नमामि नमामि नमस्तुते

(२)
मंगल मूर्ति शिवांशी गणपति
ऋद्धि सिद्धी बुद्धि के दाता
आदि देवता विघ्नहर्ता -
मंगलकर्ता
नमामि नमामि नमस्तुते

(३)
श्रष्टी के निर्माता
आदि देवता ब्रह्मा
व्यवहार में सीमा लांधी

सावित्री को यज्ञ में भूले
श्रापित हो पूजे नहीं जाते
मन्दिर नहीं पाए जाते
पुष्कर धाम विराजे
नमामि नमामि नमस्तुते

(४)
सुदर्शन धारी नारायण
शेषा शैया विराजे
पाप बढ़ते अवतार लेते
पापी और पाप मिटाते
गंगा को धरती पर भेजे
भागीरथ के काम सवारे
नमामि नमामि नमस्तुते

(५)
राम रमैया अवध के वासी
अहिल्या तारी
वीर धनुर्धर लंकेश संहारी
राम राज्य आती सुखकारी
नमामि नमामि नमस्तुते

(६)
कृष्ण कन्हैया वृंदावन वासी
कर्मयोगी कंस संहारी
द्वारकाधीश सुदामा के सहपाठी
नमामि नमामि नमस्तुते

(७)
भोले शंकर कैलाश वासी
तांडव नृत्य कारी
भस्मासुर संहारी
पार्वती के वर
तपस्या के वरदानी
नमामि नमामि नमस्तुते

(८)
माता रानी नौ रूप विराजी
धर्म की रक्षक असुर संहारी
जगत पूज्या सब पर ममता वारी
नमामि नमामि नमस्तुते

(९)
राम के सेवक हनुमान
अंजनी पुत्र संजीवनी के ज्ञानी
रोग हर्ता दुखहर्ता
राम के काम सवारे
शरीर रूप विराजे
सबके काज सवारे
नमामि नमामि नमस्तुते

(१०)
रवी के
पुत्र शनी देव
न्याय के देवता

रहते अविचलित
दण्ड देते फिर करते पुलकित
शनी धाम विराजे
नमामि नमामि नमस्तुते

(११)
यम के सहयोगी
ब्रह्मा पुत्र चित्रगुप्त
सबके कर्मो का लेखा रखते
कर्मो के अनुसार न्याय करते
बारह हैं आपके नन्दन
आपका है अभिनन्दन
मैं चित्रांशी सतीश करता वन्दन
नमामि नमामि नमस्तुते

(१२)
सबका मालिक एक
श्रद्धा सबुरी के प्रणेता
साईनाथ बाबाजी
शिरडी धाम विराजे
सर्वत्र पूजेजाते
नमामि नमामि नमस्तुते

श्रद्धेय श्री श्री १०८ श्री स्वामी जी के चरण कमलों में समर्पित पंक्तियाँ

(१)
भारत देश बैठे महा तपस्वी अनेक
स्वामी जी वनखंडेश्वर् आन विराजे
दतिया नगरी को महा तीर्थ बनाया
अलख जगा ज्ञान गंगा को बहाया
स्वामी जी ज्ञान दीप जलादो
मेरे हृदय में आन विराजो

(२)
स्वामीजी आप दिव्य दृष्टि धारी
मैं आया शरण में आप की
दंड दो, शरण में लेलो अपनी
काम, क्रोध, मद से दो मुक्ति
स्वामी जी ज्ञान दीप जलादो
मेरे हृदय मैं आन विराजो

(३)
स्वामी आप वेद पुराण के ज्ञानी
आप के हृदय विराजी माता रानी
स्वामी मेरे पाप चित्त न धरो
नैया के खिवैयां नैया पार करो

स्वामी जी ज्ञान दीप जलादो
मेरे ह्रदय में आन विराजो

(४)
मैं मूरख खल कमी
मैं संसारी, हुं अज्ञानी
पाप किये है, हुं पापी
पाप हर, दिला दो मुक्ति
स्वामी जी ज्ञान दीप जला दो
मेरे ह्रदय में आन विराजो

(५)
मैं विनती करत आप से स्वामी
मुझ पर डालो प्रेम की दृष्टि
छमा करो शरण में लो अपनी
निश्चित कर दो मेरी मुक्ति
स्वामी ज्ञान दीप जलादो
मेरे ह्रदय में आन विराजो

गंगा माता

(१)
गंगा है भागीरथ की संकल्प यात्रा
जिसे शिव ने शीश पर धारण किया
धरा को उनके वेग से बचा लिया
सगर के वंशजो को तार दिया
गंगा राम गंगा कृष्ण गंगा शिव धारा
गंगा माता नमामि नमामि नमोस्तुते

(२)
गंगा है मुक्ति, गंगा है युक्ति
गंगा है भक्ति, गंगा है शक्ति
गंगा माता ममता की भरी
भीष्म की जन्मदात्री जननी
गंगा राम गंगा कृष्ण गंगा शिव धारा
गंगा माता नमामि नमामि नमोस्तुते

(३)
गंगा किनारे पंचतत्व में विलीन होते
गंगा में अस्ति विसर्जन किया जाता
गंगा जन्म मृत्यु का है सफरनामा
गंगा स्नान पापों को है धोता
गंगा राम गंगा कृष्ण गंगा शिव धारा
गंगा माता नमामि नमामि नमोस्तुते

(४)
गंगोत्री है गंगा का अवतरण स्थल
गंगा का फैलाव गंगा सागर तक
गंगा हरिद्वार बनारस का गहना
गंगा है प्रयाग की मिलन रेखा
गंगा राम गंगा कृष्ण गंगा शिव धारा
गंगा माता नमामि नमामि नमोस्तुते

(५)
गंगा है भारत की जीवन रेखा
गंगा है भारत की पूर्ण संस्कृति
गंगा है जीवन की पूर्ण वाहिनी
गंगा है जीवन का पूर्ण उत्थान
गंगा राम गंगा कृष्ण गंगा शिव धारा
गंगा माता नमामि नमामि नमोस्तुते

(६)
जो गंगा में मिला वो गंगा जल हो गया
गंगा ने सबका जीवन अंत सम्हाला
गंगा है केन्द्र भक्ति के सोपान का
गंगा है सरल मार्ग वैकुण्ठ पाने का
गंगा राम गंगा कृष्ण गंगा शिव धारा
गंगा माता नमामि नमामि नमोस्तुते

(७)
गंगा माता है पूर्ण विराम मोक्ष पाने का
गंगा माता है विश्वास जन मानस का

गंगा माता है सम्बल हर भारतीय का
गंगा माता है विराम मन की चंचलता का
गंगा राम गंगा कृष्ण गंगा शिव धारा
गंगा माता नमामि नमामि नमोस्तुते

माता सरस्वती की आराधना में काव्य रचना

(१)
धवल वस्त्र धारिणी वीणा वादिनी
धवल कमल विराजित माँ सरस्वती
हमारे बंद चक्षु ज्ञान के खोल दो
अपना आशीष हम सब को देदो
माता हम है तेरी शरण 2

(२)
पीली पीली सरसों फूली
खेतों में छाई उमंग
पीले वस्त्र कर धारण
माता हम करते तेरा नमन
माता हम है तेरी शरण 2

(३)
रंग बरसे पीला, पीला है मन
भर दे माता सब में पीली तरंग
छोड़ दे माता मीठी स्वर लहरी
देदे माता विवेक वैभव और ज्ञान
माता हम है तेरी शरण 2

(४)
माता तुझसे ही है वेद स्मृति पुराण
माता तुझ से संगीत कला और ज्ञान

तुझ से हम करते विनय बारम्बार
हर धरा वासी को देदो उसकी पहचान
माता हम है तेरी शरण 2

(५)
ज्ञान गंगा बहा दे हर वसुधा वासी में
ताकि आतंक का हो जाए अंत
निर्भीक हो हम निर्भीक हो वातावरण
अज्ञानी को देदो थोड़ा अहिंसा का ज्ञान
माता हम है तेरी शरण 2

भूमि श्मशान की

(१)
समानता की शान है भूमि शमशान की
उसकी है ऐसी एक अनोखी पहचान
लाया जाने वाला गरीब है या अमीर
लाया जाने वाला पापी है या शरीफ
एक ही व्यवहार सभी के साथ करती
पंचतत्व में सभी को है विलीन करती

(२)
भूमि शमशान की सभी को संदेश देती
जीवन है क्षण भंगुर यह समझाती
वह वैराग्य का भान संसार को कराती
वह आत्म बल से परिचय कराती
एक ही व्यवहार सभी के साथ करती
पंचतत्व में विलीन सभी को करती

(३)
भूमि शमशान की यह भी संकेत देती
धरती की सारी वस्तुओं को छूटना यहीं
चंद लकड़ियां ही तुम्हारे साथ जलेगी
खुद का पैदा किया लड़का तोड़ेगा खोपड़ी
एक ही व्यवहार सभी के साथ करती
पंचतत्व विलीन सभी को करती

(४)

भूमि शमशान की बताती जीवन की सच्चाई
जीवन अमर नहीं है यह संदेश है देती
आराधना स्थल भी है भूमि शमशान की
जहाँ भगवान भूतनाथ की आराधना की जाती
एक ही व्यवहार सभी के साथ करती
पंचतत्व में सभी को विलीन को करती

काया बल आत्मा बल

(१)
काया आत्मा के साथ पैदा होती
काया को आत्मा देती है गति
काया बल आत्मा बल को क्षीर्ण करता
आत्मा बल को घटा काया बल तुष्ट होता

(२)
पैदा होते ही काया को सँवारा जाता
सारा प्रयास काया के निमत्व किया जाता
काया के लिए खाया पिया जाता
काया के लिए सामाजिक कार्य होता
आत्मा बल को घटा काया बल तुष्ट होता

(३)
आत्मा काया की कैद में है रहती
काया सिर्फ अपनी संतुष्टि देखती
काया बल आत्मा बल को बोना करता
आत्मा बल गलत से संतुष्ट नहीं होता
आत्माबल को घटा कायबल तुष्ट होता

(४)
काया की तुष्टि में सारे अपराध हो रहे
काया की तुष्टि में सारे युद्ध हो गये

काया की तुष्टि में सारे घपले हो गये
काया की तुष्टि में मानवता को मार रहे
आत्मबल की घटा कायाबल तुष्ट होता

(५)
आत्मा पर काया को हावी मत होने दो
आत्मा सकारात्मकता से तुष्ट होती
आत्मा गलत पर काया को झकझोरती
आत्मा के बिना काया होती है मिट्टी।
आत्मबल को घटा कायाबल तुष्ट होता

(६)
काया को गलत तुष्ट मत करो
आत्मा को काया की तुष्टि से मुक्त करो
आत्मतुष्टि का आवाहन करलो
विश्वास करो आत्मा गलत नहीं करने देती
आत्मबल को घटा कायाबल तुष्ट होता

(७)
यदि संसार आत्मबल के बस में हो जाए
तब सारी अंतर्राष्ट्रीय, राष्ट्रीय समस्या हल हो जाए
न कोई सीमा विवाद रहे न अन्य विवाद रहे
और वासुदेवकुटुंभम का निर्माण हो जाए
आत्मबल को घटा कायाबल तुष्ट होता

ताज महल

(१)
अपनी धर्मपत्नी के साथ आगरा भ्रमण पर गया
किसी ने ताज पर चित्र बनवाने का आग्रह किया
कहा मकबरा मोहब्बत की निशानी है बनवा लीजिये
यह चित्र आपकी जिंदगी में यादगार बन कर रहेगा

(२)
मकबरा तो बुरहानपुर में बन गया था
ताज तो जुनून है शिव मन्दिर तोड़ने का
जिस पर मकबरा तामीर कराया गया
प्रयास है ये हिन्दू आस्था की चोटिल करने का

(३)
जिस बादशाह ने कई निकाह किये हों
जिसने चौदह बच्चे पैदा कर 45 में मुमताज की जान ली हो
जिसने मुमताज की मौत के बाद निकाह किये हो
ये मोहब्बत नहीं वह तो जज़्बा है साथ जीने मरने का

(४)
बादशाह ने मन्दिर पर संगमरमर से ताज तामीर कराया
उसकी सोच यह थी कि ऐसी इमारत दूसरी तामीर न हो
जिसके लिए उसने जमुना का पानी लाल किया
शिल्पियों के हाथ कटवा कर जमना में बहा दिया

(५)
जब बादशाह को उसी के बेटे ने कैद कर लिया
वह कैद से ताज की सुंदरता देखता था
कैद में उसके पास दूसरा विकल्प नहीं था
लेकिन ज़माना ये समझा कि यह उसका इज़हारे मोहब्बत था

(६)
ताज को दुनिया का आठवां आश्चर्य कहा गया
आकलन में दक्षिण के मन्दिरों को नहीं आंका
जिसकी शिल्प कला के नतमस्तक है सारा संसार
जिनकी मूर्तियाँ बोलती प्रतिमाएं हैं जिनमें है जीवन

(७)
मन्दिर की शिल्प कला है अद्वितीय एवं अद्भूत
मन्दिर की इमारतें ताज से ज्यादा है कलाकृत
जाहिल बादशाह चाहे जितने हाथ कटवा दे
पर भारत अपनी कला जिंदा रखना जानता है

(८)
मेरी मोहब्बत जीती जागती इबादत है
वह मेरे ईश्वर का दिया बेहतरीन तोहफा है
वह दुनिया का सबसे खूबसूरत आशीर्वाद है
मुझे मोहब्बत की यादगार नहीं मौजूदगी चाहिये

(९)
ताज नहीं है मोहब्बत की निशानी
हिन्दू आस्था पर हमले का है प्रतीक
रामसेतु, जौहर कुंड है प्रेम का प्रतीक
तांडव नृत्य शक्ति पीठ हैं प्रेम के प्रतीक

होली

(१)
होली है पर्व
प्रहलाद की आस्था का
ईश्वर में विश्वास का
कृष्ण की लीला का
षड्यंत्र की पराजय का

(२)
होली में है
दृष्टि कोणों की अभिव्यक्ति
स्वच्छंद प्रकृति की तुष्टि
अनुशासित रहने की दृष्टि
प्रेम को दर्शाने की युक्ति

(३)
होली में
प्रेम की गंगा है बहती
रिश्तों की कटुता मिटती
रिश्तों में मिठास घुलती
होती गजब की मस्ती

(४)
होली पर
मृदंग पर थाप पड़ती

पेरो में थिरकन होती
उमंग सर चढ़ बोलती
तरंग की लहर बहती

(५)
होली हर्ष उल्लास से मनाओ
होली में कटुता अवश्य जलाओ
होली में रिश्तों का मूल्यांकन करो
रिश्तों की समरसता बनाओ।

विजय यात्रा दीपावली

(१)
रावण के मैं ने रावण को मारा
जो हर साल जल जल मरा
कितने तीर हर साल झेले
घर के भेदी ने किया धोखा
दीप-आवली को देखा लगा
राम पधारे रामराज्य की हुई स्थापना

(२)
यह रावण का ही संस्कार था
अपने ऊपर विजय पथ खोला
विजय यज्ञ में पुरोहित बना
राम का विजय यज्ञ पूरा किया
दीप-आवली को देखा लगा
राम पधारे रामराज्य की हुई स्थापना

(३)
विजय यज्ञ में सीता को पहुंचाया
वरना अर्धांगिनी बिना यज्ञ न होता
खुद पुरोहित बन यज्ञ पूर्ण किया
राम का विजय पथ प्रशस्त किया
दीप-आवली को देखा लगा
राम पधारे रामराज्य की हुई स्थापना

(४)

रावण राक्षस हो कर मर्यादा में रहा
मरते समय लक्ष्मण का गुरु बना
दुश्मन के भाई को दीक्षित किया
राम से हार कर बैकुंठ पहुंच गया
दीप-आवली को देखा लगा
राम पधारे रामराज्य की हुई स्थापना

दण्ड कमंडल

(१)
साधु रूप की पहचान दण्ड कमण्डल
जिनसे आशीषों का पानी छिड़का जाता
सजा देने में भी पीछे नहीं होते ये
जिससे श्राप को पुष्ट है किया जाता
साधु रूप की पहचान दण्ड कमण्डल

(२)
ऋषि मुनि की प्यास बुझाते हैं ये
जाप करने में जब गला सूखता
गले की तरलता को बनाते है ये
आत्म तृप्ति का साधन बने है ये
साधु रूप की पहचान दण्ड कमण्डल

(३)
रहते उनके पास ये दण्ड कमण्डल
काम क्रोध मद त्यागा है जिन्होंने
आत्म बल के सहारे जीवन को
जीना सीख लिया है जिन्होंने
साधु रूप की पहचान दण्ड कमण्डल

(४)
संसार से वैराग्य का द्योतक है ये
बलवान साधु शक्ति सूचक है ये
परमात्मा से एकीकरण की पुष्टि है ये
ज्ञान प्राप्ति का प्रकटीकरण होते ये
साधु रूप की पहचान दण्ड कमण्डल

(५)
विवेकानंद, बुद्ध और नानक को प्रिय हैं ये,
जिन्होंने समाज को अनुशासन में बाँधा।
आततायी जिज्ञासाओं को समाप्त किया,
संसार को ईश शक्ति से परिचित कराया।
साधु रूप की पहचान दण्ड कमण्डल।

(६)
गुरुकुल की पहचान है ये
जहां ज्ञान गंगा बहाते है ये
समाज को शिक्षित करते ये
कर्तव्य परायणता का मंत्र देते ये
साधु रूप की पहचान दण्ड कमण्डल

(७)
साधू सन्त सन्यासी के पास रहते ये
होते हैं जो ब्रह्मचारी एवं त्यागी
होते हे मन वाणी वचन के स्वामी
आध्यात्म के स्वामी दण्ड कमण्डल
साधू रूप की पहचान दण्ड कमण्डल

(८)
आज सतर्क रहना की है आवश्यकता
सही गलत पहचानने की हो क्षमता
रामरहीम आशाराम गृहस्थ साधु है
जो जेल में कर्मो के कारण विचर रहे
साधू रूप की पहचान दण्ड कमण्डल

पर्व पन्द्रह अगस्त

(१)
राम कृष्ण की धरती पर अंग्रेजों का साम्राज्य था
15 अगस्त 47 का वह शुभ दिन आया था
स्वतन्त्रता संग्राम सफल हो रहा था
अंग्रेजों को भारत छोड़ कर जाना पड़ा था
परिणाम में आज के पर्व का आगाज हुआ था

(२)
अंग्रेज अंतर्राष्ट्रीय दबाव से मजबूर था
जाते हुए भी बांटो और शासन करो का सिद्धांत अपनाया था
भारत का बंटवारा करा दिया गया था
हमें अविभाजित आजादी से हाथ धोना पड़ा था
परिणाम में आज के पर्व का आगाज हुआ था

(३)
हमें बटवारे को स्वीकार करना पड़ा था
हमने बँटे हुए भारत में स्वतंत्रता की साँस ली थी
उस समय के नेतृत्व की गलती का परिणाम भोगा था
बदले में हमने बंटा हुआ स्वराज्य प्राप्त कर लिया था
परिणाम में आज के पर्व का आगाज हुआ था

(४)
कुछ गद्दारो की साजिश हो गई थी
कुछ की महात्वाकांछा का परिणाम भोगा था

कुछ गोपनीय समझौतों से झुकना पड़ा था
कुछ की जिद्द पर काश्मीर को विशेष दर्जा दिया था
परिणाम में आज के पर्व का आगाज हुआ था

(५)
अब भूल-सुधार का वक्त आ गया है,
अब शासन — जनता का, जनता द्वारा, जनता के लिए है।
अब गद्दारों की साज़िश बर्दाश्त नहीं है,
अब देश में देशभक्तों की बेहद ज़रूरत है।
परिणाम में आज के पर्व का आगाज़ हुआ है।

(६)
वर्तमान में आज का दिन विशेष दिन बन गया है
वर्तमान मैं आज का दिन त्यौहार बन गया है
वर्तमान आज का दिन सांस्कृतिक चेतना का दिन है
वर्तमान में आज का दिन अभूतपूर्व बन गया है
परिणाम में आज के पर्व का आगाज हुआ था

(७)
15 अगस्त हमारा राष्ट्रीय पर्व बन गया है
15 अगस्त हमारी संकल्प यात्रा का आरम्भ है
15 अगस्त हमारे निर्णय लेने का दिन बन गया है।
आओ संकल्प लेकर विघटन की ताकतों का अंत करे
आओ आज का दिन हर्षोल्लास से मना ले

वीरबाला

(१)
पीहू पीहू बोले पपीहा तन में आग लगाये
पेड़ पर कोयलिया की कूक मोये नहीं भाय
कंगना खनके खनक कौन सुने
जब पिया नहीं है पास मेरे
पिया नहीं आए में हेरूँ उनकी बांट
कागा लाओ संदेशा बोलो मेरे द्वार

(२)
मयूर नाच से आई बदरा की आहट
ताकू सूनी राह सुन सकू पदचाप
मिला नहीं कोई संदेश उनके आने का
प्यासी है अखिया पिया दर्शन को आज
पिया नहीं आए में हेरू उनकी बांट
कागा लाओ सन्देशा बोलो मेरे द्वार

(३)
में जाऊं कोन दिशा विरहा की मारी
जब से गए है नहीं आई कोई पाती
जाने कोन दिशा गए है पिया प्रेमी
में विनती करत रखियों लाज हमारी
पिया नहीं आए में हेरू उनकी बांट
कागा लाओ सन्देशा बोलो मेरे द्वार

(४)
युद्धभूमि से आया संदेश हुए वो शहीद,
मैं पापन बाट जोह रही, आया पार्थव शरीर।
शरीर बोला सीने पर गोली खाकर पाया चक्र 'परमवीर',
मैं वीर वधू हूँ, आने न दूँगी नयनों में नीर।
मेरे पिया आ गए सामने हैं वो मेरे,
कागा, लाओ न संदेश, न बोलो मेरे द्वार।

(५)
मैं अर्धांगिनी शहीद की, वीर बाला हूँ मैं
अभी आधे अंग ने वीर गति पाई जिंदा हूँ मैं
में आ रही सीमा पर सबक सिखाने को
मेरे साथ है शहीद की याद हौसला बढ़ाने को
मेरे पिया आ गए सामने है वो मेरे
कागा न लाओ कोई सन्देश न बोलो मेरे द्वार

महायुद्ध का संकेत

(१)
सभी एक जुट हो ही जाओ
आक्रांता घात लगा बैठा है
अपनी संस्कृति बेजोड़ है
यहीं उसे खटक रहा है
छोटे मोटे भेद भुला दो
यह महायुद्ध का संकेत है

(२)
यह मत पूछो धर्म क्या है
यह मत पूछो जाति क्या है
इतना भर जनों तुम हिन्दू हो
वतन है हिन्दुस्तान तुम्हारा
छोटे मोटे भेद भुला दो
यह महायुद्ध का संकेत है

(३)
इतिहास से सबक लेलो
बीती घटना याद कर लो
खिलजी साहित्य जलाया था
ज्ञान का खजाना भस्म किया था
छोटे मोटे भेद भुला दो
यह महायुद्ध का संकेत है

(४)
याद है कैसे एक व्यापारी आया था
आपसी फूट का फायदा उठाया था
उसके बाद 200 साल राज किया था
और हमें बांट कर चला गया था
छोटे मोटे भेद भुला दो
यह महायुद्ध का संकेत है

(५)
विश्व परमाणु के ढेर पर बैठा है.
उत्तर दक्षिण कोरिया को लो
युद्ध का उन्माद चढ़ा हुआ हैं
परीक्षण पर परीक्षण हो रहे हैं
छोटे मोटे भेद भुला दो
यह महायुद्ध का संकेत है

(६)
रूस यूक्रेन का युद्ध हम देख रहे हैं
अमेरिका की तानाशाही देख रहे हैं।
चीन की गिद्ध नजर हम देख रहे हैं।
घर में छुपे जयचंदो को देख रहे हैं
छोटे मोटे भेद भुला दो
यह महायुद्ध का संकेत है

भारत देश

(१)
उत्तर में बद्रीनाथ केदारनाथ का आशीष
दक्षिण में सागर पाँव पखारे रामेश्वरम् तीर्थ
पूर्व में विराजित जगन्नाथ संग सुभद्रा बलभद्र
पश्चिम में विराजमान सुदामा के सखा द्वारकाधीश
विष्णु पद्म से शिव जटा आईं गंगा माता
जटा से निकल भारत शीश चढ़ाती नीर गंगा माता

(२)
अयोध्या में राम विराजे वृंदावन में कान्हा
काशी में विश्वनाथ विराजे पुष्कर में ब्रह्मा
कलकत्ता में विराजी काली माता नलखेड़ा में पीताम्बरा
नौ रूप इक्यावन पीठ विराजी रानी माता
विष्णु पदम से शिव जटा आईं गंगा माता
जटा से निकल भारत शीश चढ़ाती नीर गंगा माता

(३)
जम्मू में वैष्णों देवी बर्फ रूप में है अमरनाथ
उज्जैन में महाकालेश्वर दक्षिण में त्रियामबकेस्वर
देवाधिदेव विराजे बारह हैं शक्ति पीठ
पुरखों को तारे गंगा सागर महातीर्थ
विष्णु पदम से शिव जटा आई गंगा माता
जटा से निकल भारत शीश चढ़ाती नीर गंगा माता

(४)
हिमालय की कंदराओं में बैठे महा तपस्वी अनेक
ऐसे ही महात्मा स्वामी जी वनखण्डेस्वर आन विराजे
बासठ में यज्ञ किया चीन को धूल चटाई
चीन को धकेल भारत भूमि आजाद कराई
विष्णु पदम से निकल शिव जटा आई गंगा माता
जटा से निकल भारत शीश चढ़ाती नीर गंगा माता

(५)
कश्मीर में केसर के वन फूलों की सुन्दरता अद्भुत
दक्षिण में चन्दन के वन मध्य साल सागौन शीशम
यहाँ गर्मी सर्दी और बरसात के हैं मौसम
हिमालय की तराई जड़ी बूटी औषधियों से है भरपूर
विष्णु पदम से शिव जटा आईं गंगा माता
जटा से निकल भारत शीश चढ़ाती नीर गंगा माता

(६)
यहाँ फसलों के लहलहाते खेत देते तीन फसल
यहां फलों से लदे पेड़ों की है भरमार
हम प्राकृतिक संपदा के धनी विकास के अवसर हजार
विज्ञान के क्षेत्र में अंतरिक्ष में उड़ान भरने को तैयार
विष्णु पदम से शिव जटा आईं गंगा माता
जटा से निकल भारत शीश चढ़ाती नीर गंगा माता

(७)
चिकित्सा के क्षेत्र में हमारे यहां हैं कई धन्वन्तरि
शल्यक्रिया में दुनिया आकर्षित हैं तरफ हमारी
वर्मा पद्धति ने पाया अंतर्राष्ट्रीय पुस्तकों में स्थान

इस क्षेत्र में हमने कायम किए कई मुकाम
विष्णु पदम से शिव जटा आई गंगा माता
जटा से निकल भारत शीश चढ़ती नीर गंगा माता

(८)
हम योग गुरु विश्व को दिया योग का संदेश
अंतर्राष्ट्रीय स्तर पर हुई योग दिवस की स्थापना
रामायण महाकाल भगवद्गीता जैसे ग्रंथ हैं यहां
जिन पर आधारित हैं हमारी सामाजिक व्यवस्था
विष्णु पदम से शिव जटा आई गंगा माता
जटा से निकल भारत शीश चढ़ाती नीर गंगा माता

(९)
हम विश्व गुरु वेदपुराण स्मृतियों के रचयिता
हम नालंदा तक्षशिला जैसे संस्थानों के निर्माता
हमने गुरू शिष्य परम्परा से ज्ञान प्राप्त किया
हमारे गुरुओं ने देवता से ऊंचा स्थान प्राप्त किया
विष्णु पदम से शिव जटा आईं गंगा माता
जटा से निकल भारत शीश चढ़ाती नीर गंगा माता

(१०)
हम शांतिदूत देते दुनिया को शांति का संदेश
यहां सत्य अहिंसा की धूम नहीं हिंसा से नाता
आवश्यकता पड़ने पर सबक सिखाने का संकल्प
देश की आन के लिए जान देने की प्रतीक्षा
विष्णु पदम से शिव जटा आईं गंगा माता
जटा से निकल भारत शीश चढ़ाती नीर गंगा माता

भारत राष्ट्र कैसा हो

(१)
भारत एक ऐसा राष्ट्र हो
विश्व में जिसका नाम हो
विकास अपने चरम पर हो
गुरु शिष्य परम्परा से शिक्षा हो
मेरे भारत की ऐसी क्षमता हो

(२)
अहिंसा की कल्पना का उन्माद हो
कायरता नहीं देश पर मिटने की क्षमता हो
गर्व से सीना चौड़ा करने की आदत हो
जहाँ व्यक्तिगत स्वार्थ का अन्त हो
मेरे भारत की ऐसी क्षमता हो

(३)
राजा एक योगी देव पुरुष हो
स्वार्थ से ऊपर जिसका वर्चस्व हो
जो समाज का प्रथम सेवक हो
विश्व में जिसका बोलबाला हो
मेरे भारत की ऐसी क्षमता हो

(४)
जहाँ राम राज्य की कल्पना साकार हो
जहाँ विक्रमादित्य जैसा सम्राट हो

आसन में टीले से न्याय करने की क्षमता हो
जिसमें अपराध घट कर शून्य हो
मेरे भारत की ऐसी क्षमता हो

(५)
जिस सम्राट को आसनी 32 देवी साधे हों
जिस सम्राट में 32 देवीय गुण हों
जो बलशाली रक्षक निश्चल पाप मुक्त हो
जिसका न्याय हजारों वर्ष से अमर हो
ऐसा भारत का प्रधान मंत्री सेवक हो
मेरे भारत की ऐसी क्षमता हो

वीर वधू

(१)
चेहरे पर कृत्रिम मुस्कान ले नवेली आई
जैसे कोई भंवरा उड़ गया हो मकरन्द पी
फूल की पंखुड़ी कोमल दिखी अकुलाई
जैसे सुहागरात उसे रास नहीं आई

(२)
नयनों में नीर भर फिर उसने बतलाया
युद्ध भूमि से आया है यह संदेशा
अवकाश जो स्वीकृत था निरस्त हो गया
सीमा पर युद्ध है छिड़ गया

(३)
अशुपूरित आँखों से दी गई विदाई
जल्द आने की कसम थी खिलाई
कृत्रिम शान्ति की घड़ी थी बनाई
नयनों से अश्रु की झड़ी रोकी गई

(४)
जाने के बाद संयम टूट गया
आंसुओं का बाँध भी फूट गया
सब तरफ अंधेरा भी छा गया
वातावरण अचानक भारी हो गया

(५)
अभी अभी तो डोली सजी थी
अभी अभी तो मेंहदी लगी थी
अभी अभी तो सपनों की होड़ थी
अभी अभी तो पवन शांति की थी

(६)
एक माह बाद खबर ये आई
वीरता से लड़ते हुए वीरगति पाई
प्राण छोड़ने के पहले 20 को धूल चटाई
और 20 को स्वर्ग की राह दिखाई

(७)
पार्थिव शरीर जब आया तब
वीर वधू ने अश्रु नहीं बहाए
शहीद को कंधा भी दिया
मुखाग्नि भी उसी ने ही दी

(८)
कुछ माह पश्चात पुन:विवाह का प्रस्ताव आया
जिसे वीर वधू ने ठुकरा दिया
बताया शहीद की निशानी है उसके पास
जिसे संसार में लाकर युद्ध भूमि भेजना है

(९)
धन्य है तू भारत माता की पुत्री महान
तुझ में प्यार समर्पण की गंगा बह रही
तुझमें त्याग सहन शक्ति है अपार
तू हर अग्निपरीक्षा में उत्तीर्ण हुई

मैंने ढूंढ लिया है अपने आपको

(१)
मैं ढूंढ रहा हूँ अपने आप को
अतीत के उस पृष्ठ पर
जिस पर मेरी
मजबूरी लाचारी बेबसी के..
कुछ शब्द पड़े है

(२)
मैं ढूंढ रहा हूँ अपने आपको
उन लम्हों में
जिसमें मेरी
सफलता असफलता प्रोत्साहन
ओर हताशा के हीरे जड़े है

(३)
मैं ढूँढ़ रहा हूँ अपने आपको
उस अक्षमता में,
जिसने मुँह मोड़ लिया था
उस प्यार से
जिसकी छाँव में
उसके सुख खड़े थे

(४)
मैं ढूंढ रहा हूँ अपने आप को
जिंदगी के सारे तूफानों बेबसी

और उस संवाद हीनता में
जिनसे मेरे विश्वास लड़े हैं

(५)
मैं ढूंढ रहा हूँ अपने आप को
उन तरकशों में जिनसे मेरी
उपेक्षा, समीक्षा नाउम्मीदी के,
बाण झड़े थे

(६)
मैंने पा लिया है अपने आप को
उस जीवन साथी के सहारे में
जिसने मेरे लिए रात दिन एक कर
मुझे जिंदा रखने की चेष्टा की

(७)
मैंने ढूंढ लिया है अपने आप को अपने में ही
में जिंदा हूँ आज पूरी शिद्दत व जिंदादिली के साथ
बस स्वामी जी, माई की कृपा बनी रहे
जीवनसाथी का साथ रहे और कुछ नहीं

इंसान रहने दो मुझे

(१)
संत नहीं इंसान रहने दो मुझे
इंसानियत भर दो मुझ में
तुम मंजिल दर मंजिल बनाओ
नींव का पत्थर रहने दो मुझे

(२)
मुझे नहीं दरकार ऐश्वर्य की,
हे माता! इतना अवश्य दे दो
कि आपके सिवा कहीं हाथ न फैलाऊँ,
और आने वाले को भूखा न जाने दूँ।

(३)
गुजारिश है तेरे दर पर माता
जाते समय अवसाद न हो
शांती से चिर निद्रा में रहूँ
और किसी को रोने न दूँ

प्रणय प्रस्ताव

(१)
चला जा रहा हूं सुनी राह अकेला
नहीं है हमसफर कोई तुम जैसा
अपने मन में प्यार की ज्योति जलाओ
मेरे प्यार को अपनी स्वीकृति देदो
हाथों से छू कर कल्पना साकार कर दो
गले मिल कर आत्मा को तृप्त कर दो

(२)
जिंदगी में पीड़ा बहुत भरी पड़ी है
दुखों का अंबार भी कम नहीं है
चन्द पल ही सुख के होते हैं
इन्हीं पलों का तुम अहसास करा दो
हाथ से छूकर कल्पना साकार कर दो
गले मिलकर आत्मा को तृप्त कर दो

(३)
अभी हमारा प्यार है चाँद-चकोर जैसा,
जिनका मिलना सपने तक में नहीं है संभव
चकोर निहारता है चाँद को, मरने की राह जीहता है
तुम आओ क्षितिज का मिलन कर दो,
हाथ से छूकर कल्पना को साकार कर दो,
गले मिलकर आत्मा को तृप्त कर दो।

(४)

प्यार की अनुभूति करा कृतार्थ कर दो
समर्पण की गाथा भी लिख दो
अनुभूति व समर्पण के मध्य सेतु बना दो
मेरे प्यार को मूर्त रूप प्रदान कर दो
हाथ से छू कर कल्पना साकार कर दो
गले मिल कर आत्मा को तृप्त कर दो

चादर पड़ती कम

ओ मेरी सौंन चिरैया
ओ अंधियारे में चमकती किरन
मैं हूं तेरा प्रियतम
तम को तूने प्रिय कहा
वह धोखेबाज नहीं
तुझमें समा जाता इतना
अपनी परवाह नहीं
वह तो अपनी हस्ती
प्यार में मिटाता पर
दिल चुपचाप सुनता
धुन मातम भरी
जब पैर फैले चादर कम पड़ती

मृग तृष्णा

(१)
मृग दौड़ता चारों ओर खुशबू को पहचान
दौड़ने पर खुशबू की जड़ नजर नहीं आती
खुशबू की जड़ उसमें स्वयं में ही होती
जिसकी तलाश में वह यहां से वहां भागता

(२)
मानव भी सुख की खुशबू के पीछे भागता
पर कहीं भी उसे संतुष्टि नसीब नहीं होती
मानव अपनी आत्मा की खुशबू को पहचान
तुझे संतुष्टि की खुशबू अपने आप में मिलेगी

(३)
आत्मा पर विश्वास करके तो देख
आत्मा कभी गलत नहीं करने देती
आत्मा की खुशबू सबसे होती श्रेष्ठ
उसे आत्मसात कर तू बन जा श्रेष्ठ

मन में मिलने की आतुरता बढ़ती

(१)
ये रातें ये मौसम ये दूरियां
विचलित है मन घटें दूरियां
चाँद की दूधिया चांदनी
आग में घी की बौछार पड़ती
मन में मिलने की आतुरता बढ़ती

(२)
मेघों में छिप गई रोशनी
प्रतीक्षा करूँ मेघों के हटने की
गगन पर तड़ित है चमक रही
पता नहीं किस पर वो गिरती
मन में मिलने की आतुरता बढ़ती

(३)
हृदय में तूफान उठ रहा है
दूध भी अब उफान पर है
समय ने सब छिपा रखा है
उजागर कुछ होता नहीं है
मन में मिलने की आतुरता बढ़ती

(४)
फूलों में चुभन है शूल जैसी
हृदय में आस की लो है जलती

मशाल सी प्रज्ज्वलित प्रीति हमारी
ढाई अक्षर की मशाल है जलती
मन में मिलने की आतुरता बढ़ती

(५)
प्यार तो प्यार है वह छिपता नहीं
प्यार किसी हथियार से मरता नहीं
प्यार में बाधाएं स्थायी होती नहीं
प्यार की साधना अधूरी होती नहीं
मन में मिलने की आतुरता बढ़ती

संकेत

(१)
तेरी पलकों का उठना उठ कर गिरना फिर उठना
मेरे हृदय के स्पंदन का तेज होना फिर सम्हलना
आकाश में बिना बदरा के बिजुरिया का भान
मेरे नयनों में अनदेखे सपनों का सैलाब
है यह क्या नई जिंदगी में प्रवेश का संकेत?
या है मृगमरीचिका किसी दिशा नहीं पाई गन्ध

(२)
मेरे मन में आ बैठीं बिना किसी संकोच,
ज्वार भाटे उठ रहे, मन मिलने को आतुर।
तुम्हारे हृदय में क्या है मिला नहीं कोई संकेत,
लेकिन धड़कन अवश्य देती है संदेश,
है यह क्या नई ज़िंदगी में प्रवेश का संकेत?
या है मृगमरीचिका किसी दिशा नहीं पाई गंध।

(३)
है ढाई अक्षर का इसकी सीमाएँ हैं अनंत,
यह छूता पाताल की गहराई, ऊँचाई अंतरिक्ष तक।
यह छूता उत्तर से दक्षिण, पूर्व से पश्चिम तक।
तुम भी खोल दो अपना हृदय बता दो निर्णय।
है यह क्या नई ज़िंदगी में प्रवेश का संकेत?
या है मृगमरीचिका किसी दिशा नहीं पाई गंध।

(४)

जो किया नहीं जाता हो जाता है, हो गया है।
जितनी ऊष्मा इधर है, उतनी ही उधर भी है।
लाल गुलाब देकर मिलने का अनुरोध किया है,
मैंने मिलकर हृदय का वृत्तांत बता दिया है।
हाँ, यह है नई ज़िंदगी में प्रवेश का संकेत?
यह है मृगमरीचिका पाई नाभि में कस्तूरी की गंध।

मयखाना

(१)
मयखाने का मंजर देखो
वहाँ कोई वाद विवाद नहीं होता
हर कोई हम प्याला हम निवाला होता
मोहब्बत का दरिया है बहता
मय खाने का मंजर तो देखो

(२)
वहाँ विभाजन रेखा नहीं
वहाँ आर क्षण नहीं
वहां जातिगत विवाद नहीं
हर कोई साथ बैठकर पीता
मयखाने का मंजर तो देखो

(३)
शायर अपनी शायरी सुनाता
दुखी अपनी दुखती नस दिखता
खुशी का भी आलम दिखता
गम भी मयखाने में गर्त होता
मयखाने का मंजर तो देखो

(४)
मयखाने से हर कोई बादशाह बन निकलता
राजा से हाथी की कीमत पूछता

जब नशा काफूर होता
बताता खरीददार चला गया
मयखाने का मंजर तो देखो

(५)
भले ही थोड़े समय की हो,
मयखाना है ग़रीब की तुष्टि।
मयखाना ग़रीब को बादशाह बनाता,
कुछ समय को ग़रीबी से राहत देता।
मयखाने का मंज़र तो देखो...

नयनों से बुझी नयन की प्यास

(१)
नयनों से मिले नयन
नयनों ने कहा नयन से
नयनों ने सुनी नयन की
नयनों को स्वीकृती नयन की
नयनों से बुझी नयन की प्यास

(२)
नयन होते बड़े नटखट
नयन ताड़ते ह्रदय की बात
नयन बताते उदेश्य नयन का
नयन में समाती नयन की बात
नयनों से बुझी नयनों की प्यास

(३)
नयन हैं साक्षी प्रीत अंकुर के
नयन ने जगाया है विश्वास
नयन हैं संबल प्यार के
नयन देखते कुछ विशेष
नयनों से बुझी नयनों की प्यास

(४)
नयनों ने जलाए दीप नयन में
नयनों की पहुँच ह्रदय तक
नयन है ह्रदय का स्पंदन
नयनों ने जलाई ढाई अक्षर की मशाल
नयनों से बुझी नयनों की प्यास

नयन की अभिव्यक्ति

(१)
नयन गंगा, नयन यमुना,
नयन संगम, नयन मिलन।
नयन प्यास, नयन तृप्ति,
नयन स्पंदन, नयन आचमन।

(२)
नयन विद्रोह नयन समर्पण
नयन पलायन नयन समर्थन
नयन परीक्षा नयन परीक्षक
नयन नमन नयन बन्धन

(३)
नयन प्रेम नयन त्याग
नयन घृणा नयन तिरस्कार
नयन क्रोध नयन प्रतिशोध
नयन ज्वाला नयन समझौता

(४)
नयन शक्ति नयन भक्ति
नयन क्रंदन नयन बन्धन
नयन स्वागत नयन स्वीकृति
नयन उफान नयन तूफान

(५)

नयन में समाई सारी सृष्टि
नयन में है सारी अभिव्यक्ति
नयन करते सब उजागर
नयन से बात नहीं छिपती।

आँसू

(१)
आँसू हैं अभिव्यक्ति का साधन
पता नहीं क्या क्या कह जाते
कुछ सघन कुछ गम्भीर
कुछ गहरा कुछ उथला

(२)
कभी कहते हृदय की पीड़ा
कभी कहते शरीर की त्रासदी
कभी कहते बेबसी की गाथा
कभी समझौते से रुक जाते

(३)
खुशी के पलों में बहते आंसू
निकल पड़ते एक साथ अविरल
पश्चाताप में भी बहते है आंसू
सब स्थिति में देते साथ आंसू

(४)
जो शब्द न कह पाते
सहज ही कह जाते आंसू
पलकों में छलकते आंसू
यूँ व्यर्थ न बहने दो आंसू

(५)
सूखे आंसू का मंजर देखो
बनी लकीरों को पढ़ तो लो
मानसिक स्थिति व्यक्त करते ये
बड़े अनमोल होते ये आंसू

(६)
दिल की सौगात होते हैं ये आँसू
दिल में क्या चल रहा बताते आंसू
रिश्ते टूटते हैं तो बहते हैं ये आंसू
दुआ मांगते मांगते बहते ये आंसू

(७)
प्रभु प्रेम में लीन हो तो बहते आंसू
दिल की बात कहते हैं ये आंसू
आत्मा की हिलोर पर बहते ये आंसू
आध्यात्म के द्योतक होते ये आंसू

शन: शन:

(१)
नयन में समाई छवि शन: शन:
दिल हुआ कुर्बान शन: शन:
प्यार चढ़ा परवान शन: शन:
आसक्त हुए हम शन: शन:

(२)
झूले की बढ़ाई पेंग शन: शन:
बसी खुशबू पहचानी शन: शन:
बसे प्यार को जाना शन: शन:
अभिव्यक्ति की हिम्मत जुटाई शन: शन:

(३)
अधर पर आई स्वीकृति शन: शन:
मैं और तुम हुए हम शन: शन:
जिंदगी के तीन पहर कटे शन: शन:
चौथा पहर कट रहा हैशन: शन:

(४)
चौथे पहर में अंत की ओर बढ़ेशन: शन:
तीन पहर का हिसाब किया शन: शन:
छूटी सारी कमाई यही पर शन: शन:
कुछ लकड़ी जलेगी साथ शन: शन:

मन

(१)
जब मन उदास होता
कोई पथ नहीं दिखता
शब्दों के जाल से
लिखता एक कविता

(२)
जब मन क्रोधित होता
हर तरफ होती ज्वाला
ज्वाला के विस्फोटों के माध्यम से
लिखता एक कविता

(३)
जब मन शांत होता
सब तरफ होती समरसता
शांति के पथ पर
लिखता एक कविता

(४)
जब देखता एक माँ को
ममता का होता पहरा
वात्सल्य से ओतप्रोत हो
लिखता एक कविता

(५)
युद्ध भूमि पर
शहीदों की सुनता वीर गाथा
वीर रस में डूब कर
लिखता एक कविता

(६)
जब पढ़ता विकृत खबर कोई
घृणा से मन भरता
घृणा को मिटाने
लिखता एक कविता

(७)
प्रकृति के सौंदर्य लखता
उसमें खो कर
सुंदरता निहार कर
लिखता एक कविता

(८)
जब आराध्य को याद करता
आशीषों को गिन नहीं पाता
उनकी भक्ति में डूब कर
लिखता एक कविता

(९)
जब देखता प्यार को
उसके समर्पण और त्याग को

प्रेम रस में डूब कर
लिखता एक कविता

(१०)
जैसा मन होता
उस में डूब कर
मन की अभिव्यक्ति में
लिखता एक कविता

(११)
मेरी कविताएं
मेरे मन का दर्पण
मुझे पढ़ना हो तो
पढ़ लो मेरी कविता

नई दुनिया का सृजन

(१)
आओ, संसार में फिर से आँखें खोलें,
जहाँ पुरानी व्यथा को विदा कर दें।
नए वातावरण को प्रकाशमान कर दें,
प्रेम, त्याग, समर्पण की धारा बहा दें
आओ, नई दुनिया का सृजन कर लें।

(२)
हम अपने में बैठे राक्षसों का दमन कर दें,
अंदर उठ रहे क्रंदन को कम कर लें।
महसूस हो रही घुटन का अंत कर लें,
अपने में बैठे ईश का वंदन कर लें
आओ, नई दुनिया का सृजन कर लें।

(३)
आओ, हम नए बंधन स्वीकार कर लें,
जहाँ हर नकारात्मकता समाप्त कर दें।
सकारात्मकता को जीवन में उतार लें,
संसार की ख़ूबसूरती का आनंद ले लें
आओ, नई दुनिया का सृजन कर लें।

(४)
आओ, ऐसा संसार बना लें,
अपराध प्रवृत्ति को भस्म कर दें।

ताले न हों ऐसा घर बना लें,
एक-दूसरे की भावना समझ लें
आओ, नई दुनिया का सृजन कर लें।

प्यार का सही स्वरूप

(१)
प्यार रूप के आधीन नहीं होता
प्यार रंग का कायल नहीं होता
प्यार रूह के सम्बल में बसता
प्यार रूह के आकर्षण में होता
प्यार कभी मांगने से नहीं मिलता

(२)
प्यार कभी थोपा नहीं जा सकता
प्यार में दोहरा मापदंड नहीं होता
प्यार जबर्दस्ती नहीं हो सकता
प्यार आपस के सम्मान में बसता
प्यार कभी मांगने से नहीं मिलता

(३)
प्यार भगवान के आशीष से मिलता
प्यार में समर्पण त्याग का दरिया बहता
प्यार हृदय के स्पन्दन के सहारे मिलता
प्यार प्रकृति का नायाब तोहफा होता
प्यार कभी मांगने से नहीं मिलता

(४)
आप द्रव्य मांग सकते हो
अनुरोध कर वस्तु ले सकते हो

प्यार जबरदस्ती में नहीं होता
प्यार प्रार्थना से नहीं मिलता
प्यार कभी मांगने से नहीं मिलता

तुम्हारी तुलना किसी से नहीं

(१)
तुम्हें शशि नहीं कहता उसमें दाग है
तुम्हें सूर्य नहीं कहता उसमें आग है
तुम्हें तारा नहीं कहता वह टिमटिमाता है
तुम्हें देवी नहीं कहता वह सबकी है

(२)
तुम्हारी तुलना तुम से करता
तुम सत्य शिव एवं सुन्दर है
तुम्हारी तुलना तुम से करता
तुम प्यार त्याग एवं समर्पण है

(३)
तुम्हारी तुलना तुम्हीं से करता
क्योंकि तुम तो तुम ही हो
तुम्हारे जैसा कोई भी नहीं
तुम्हारी तुलना किसी और से नहीं

(४)
क्योंकि मैंने प्यार किया है
अंतरिक्ष की ऊंचाई तक
पाताल की गहराई तक
दिशा की लम्बाई तक।

बता दो मुस्कान में क्या छिपा

(१)
तुम्हारी झुकी झुकी सी नजर
हाले दिल बयाँ कर रहीं है
कोई कांटा चुभा शूल का दर्द है
दर्द पीने का प्रयास चल रहा है
बता दो मुस्कान में क्या है छुपा ?

(२)
दर्द न बताओ मुझे तुम अपना
पर न भूलो आशिक हूं तुम्हारा
धड़कन बताती है सब करें क्या हम
राज नजरों से पता चल जाता
बता दो मुस्कान में क्या है छुपा ?

(३)
पलकों से आँसू पीने का प्रयास,
पलकों में आँसुओं को रूकना।
हाले-ए-दिल करती है बयां
तुम छुपाओ दर्द, तो दर्द ही रहता।
बता दो, मुस्कान में क्या है छुपा ?

(४)
बताओ तो कुछ दर्द बाँट लूँ तेरे,
तुम अपने ग़म मुझे दे दो, साथी मेरे।

उन्हें लेकर ख़ुद को सुखी कर लूँ,
ग़म का जाम दे दो, कुछ नशा कर लूँ।
बता दो, मुस्कान में क्या है छुपा?

जिन्दगी से बड़ा वरदान नहीं

(१)
ईश्वर की दी हुई खूबसूरत जिंदगी
सपने अधूरे छोड़ना सिखाती नहीं
साफ दर्पण से देखो जिन्दगी
दर्पण कभी झूठ बोलता नहीं
जिंदगी से बड़ा कोई वरदान नहीं

(२)
सच्ची चीज़ बिकाऊ होती है नहीं
सच्ची बात में सजा होती नहीं
सच की परीक्षा सरल होती नहीं
झूठ की कोई सीमा होती नहीं
जिंदगी से बड़ा कोई वरदान नहीं

(३)
झूठ बंटा हुआ है कई भागों में
झूठ अपने पास कुछ छोड़ता नहीं
सच का साथ सदैव पकड़ो
सच पछताने को कुछ छोड़ता नहीं
जिंदगी से बड़ा कोई वरदान नहीं

जिंदगी से बड़ा कोई बोझ नहीं

(१)
ज़िंदगी से बड़ा कोई बोझ नहीं,
जिसे ढोए जाते हैं हम कहीं से कहीं।
बख़्त भी अपनी चाल चलता जाता,
बख़्त किसी के लिए रुकता नहीं।

(२)
हालात इस कदर बिगड़ गए
कारण क्या था पता ही नहीं
जिंदगी में अंधेरा ही अंधेरा था
सुबह कब होगी पता ही नहीं
जिंदगी से बड़ा कोई बोझ नहीं

(३)
धीरे धीरे कट गई बोझिल जिंदगी
लक्ष्य निर्धारित था ही नहीं
लक्ष्य के बिना क्या करती जिंदगी
जीने के लिए बाकी कुछ बचा नहीं
जिंदगी से बड़ा कोई बोझ नहीं

प्यार

(१)
मिट्टी में दबे हीरे का मोल नहीं होता
कमल बिना कीचड़ के नहीं खिलता
प्यार किसी बन्धन में रह नहीं सकता
प्यार व्यक्त होने से वंचित नहीं रह सकता
अभिव्यक्ति के बिना प्यार नहीं दिखता

(२)
प्यार ने लंका को जीत लिया
प्यार ने तांडव को करा दिया
प्यार ने काल को जीत लिया
प्यार ने अग्नि स्नान करा दिया
अभिव्यक्ति के बिना प्यार नहीं दिखता

(३)
प्यार में त्याग का सीमांकन नहीं होता
प्यार तीर्थ से ज्यादा पवित्र होता
प्यार ईश्वर का दिया उपहार होता
प्यार का संकुचित रूप नहीं होता
अभिव्यक्ति के बिना प्यार नहीं दिखता

(४)
प्यार में हर वक्त एक नशा होता
प्यार परवान चढ़ कर है बोलता

प्यार कभी दीवानगी की हद पार करता
प्यार हृदय की धड़कन में छिपा होता
अभिव्यक्ति के बिना प्यार नहीं दिखता

मैं और तुम

(१)
मैं आकाश हूँ तुम उसकी लालिमा
मैं मन्दिर हूँ तुम हो उसकी प्रतिमा
मैं हृदय हूँ तुम हो उसका स्पंदन
मैं धरा हूँ तुम हो क्षितिज मिलन
तुम हो उजली रोशनी मैं अंधियारा
जब तुम आती में तुममें समाता

(२)
तुम पायल हो, मैं हूँ उसकी छन-छन
तुम धारा हो, मैं हूँ उसकी कल-कल
तुम पवन हो, मैं हूँ उसकी सन-सन
तुम मेघा हो, मैं हूँ उसकी घन-घन
तुम हो उजली रोशनी, मैं अंधियारा
जब तुम आती हो, मैं तुम में समाता

(३)
पूर्णिमा को चाँद चमकता गगन पर
दूधिया चाँदनी फैलती है धारा पर
यदि चाँद न हो तो है अमावस्या
अमावस्या को तारे चमकते गगन पर
तुम हो उजली रोशनी मैं अंधियारा
जब तुम आती मैं तुम में समाता

(४)

तुम चाँद हो तो मैं हूं चकोर अभागा
चकोर चाहे चाँद को ताकें उसकी ओर
प्यार में दीवाना नहीं ताकें कोई उसकी ओर
प्यार में वह जान देता कोई आँसू नहीं इस ओर
तुम हो उजली रोशनी में अंधियारा
जब तुम आती मैं तुम में समाता

कैसे करूं अभिव्यक्ति

(१)
मैं गीत क्या गुनगुनाऊँ,
न कोई कोलाहल मौन है शब्द
शब्दों पर लगे हैं पहरे
आतंकित है भाव सारे
कैसे करूं अभिव्यक्ति

(२)
हृदय में लगे घाव गहरे
कोन है जो दर्द को देखे
नागपाश में है स्वर सारे
सरगम पर लगी पाबन्दी
कैसे करूं अभिव्यक्ति

(३)
चेतना निश्चेत हो गई,
सूर्य की तपती धूप में
नहीं है छाँव बरगद की,
नहीं है सरगम संतुष्टि की
कैसे करूँ अभिव्यक्ति

(४)
जब तक प्रसन्नता से विभोर न हो
जब तक भाव प्रकट होने आतुर न हो

जब तक न उठे हिलोर खुशी की
जब मन की चंचलता न हो उन्मादी
कैसे करूं अभिव्यक्ति

बूंद पानी की

(१)
बूंद पानी की पतझड़ के बाद कोंपल का करती अभिनन्दन
धरती पर सोंधी खुशबू का कराती पदार्पण
टहनी के पत्तों पर हीरे की चमक का आकर्षण
बूंद पानी की है जीवन की उत्पत्ति का कारण

(२)
विष्णु पदम से निकल शिव जटा में करती पदार्पण
जटा से निकल कर करती गंगा का अवतरण
फिर भगीरथ के पुरखों का करती पाप हरण
गंगा घाट से करती है संसार का तरण तारण
बूंद पानी की है जीवन की उत्पत्ति का कारण

(३)
बूंद पानी की है पूरे जीवों का संचालन
बहने दो उसकी नदियों को अविरल
न करो सीमा से अधिक उसका दोहन
न करो उसके जंगल को कम
बूंद पानी की है जीवन की उत्पत्ति का कारण

(४)
वह बन सकती हैं प्रलय का कारण
भारी बाढ़ को दे सकती है निमन्त्रण

सागर में ला सकती है बवंडर
धरती के डूबने का बन सकती है कारण
बूंद पानी की है जीवन की उत्पत्ति का कारण

(५)
ये सागर नदी जंगल और झरने
खूबसूरती के साथ है जीवों के आशियाने
उन्हें संरक्षण दे मत दो उजड़ने
वरना नहीं है सुरक्षित तुम्हारे आशियाने
बूंद पानी की है जीवन की उत्पत्ति का कारण

ढाई अक्षर की महिमा

(१)
ढाई अक्षर की महिमा बड़ी निराली
इस में सारी दुनिया है समाई
इसके अभाव में होती नीरसता भारी
ये ही है एक जो सारे रिश्ते बनाती
ढाई अक्षर की महिमा है निराली

(२)
ढाई अक्षर से भूमि नहीं अछूती
सारी कायनात में है धूम इसी की
यह जान पर खेलना है सीखाती
इसकी उपस्थिति जानवरों में भी पाई जाती
ढाई अक्षर की महिमा है बड़ी निराली

(३)
यह एक मंत्र है प्रेम रतन कहा जाता
यदि प्रेम रस की गंगा वह निकले
तो समस्या बह कर चली जाती
और समरसता अपने आप फैल जाती
ढाई अक्षर की महिमा बड़ी निराली

इंसान

(१)
कुदरत ने इन्सान को एक जैसा बनाया
सब का शरीर एक जैसा ही होता
शरीर पर कोई छाप नहीं होती
न ही अलग कोई पहचान होती

(२)
इंसान ने अपने आप को बांट लिया.
वह हिन्दू मुसलमान सिख ईसाई हो लिया
वह इंसानियत का दुश्मन हो गया
और मारने काटने में व्यस्त हो गया
कुदरत ने इंसान को एक जैसा बनाया

(३)
कुदरत ने दी हमें एक ही धरती
इंसान ने यूरोप एशिया बना दिया
जमीन के टुकड़ों पर कब्जा कर
अपनी सीमा बढ़ाने राजधर्म बना दिया
कुदरत ने इंसान को एक जैसा बनाया

(४)
यह कैसी जीवन शैली विकसित हो गयी
इंसानियत अपने आप शूली पर चढ़ गई

इंसान ने ही इंसान से दुश्मनी पाल ली
स्वार्थ सिद्धि को अपना धरम बना लिया
कुदरत ने इंसान को एक जैसा बनाया

(५)
वैसे इंसान बनना भी मुश्किल नहीं होता
इंसानियत में प्यार त्याग समर्पण होता
इसे अपने आप में समाहित करना होता
इसमें अनुपम जिंदगी का आविर्भाव होता
कुदरत ने इंसान को एक जैसा बनाया

(६)
कुदरत ने धरती पर कई रंग भरे हैं
दुनिया को बहुत ही खूबसूरत बनाया
इंसान बन इस खूबसूरती का आनन्द लेलो
गुजारिश है कि इसे बदरंग मत होने दो
कुदरत ने इंसान को एक जैसा बनाया

याद ही बाकी रह गई

(१)
खुशी के खजाने में है उन लम्हों की याद
हवा के साथ गुजर गए देकर अपनी छाप
कदमों के निशान हैं जो उठे थे, और कुछ नहीं
आधी अधूरी परछाइयां ही रह गई, और कुछ नहीं
याद ही बाकी रह गयी है और कुछ भी नहीं
खुशी विदा हो गयी दे पल दो पल का साथ

(२)
गम का खजाना खाली नहीं रहा पूरा भरा
अपने गम को गीत में ढाल में गाता रहा
राग कोई पुराना छेड़ा वह भी बेसुरा रहा
नयनों से नीर बहता रहा जख्म हरा ही रहा
याद ही बाकी रह गयी और कुछ भी नहीं
खुशी विदा हो गयी दे पल दो पल का साथ

(३)
मयखाने की बात करो तो ठीक है
जहाँ हर जख्म भूला रहता है
जहाँ सुकून मिलता है गम गर्त होता है
सुकून भी कुछ लम्हों बाद काफूर हो जाता है
याद ही बाकी रह गयी और कुछ नहीं
खुशी विदा हो गयी दे पल दो पल का साथ

दो कदम

(१)
दो कदम तुम चलो दो कदम हम चलें
ये फासले जिन्दगी के कम कर लें
यूँ तो हर कदम पर हैं अड़चनें
यूँ तो हर कदम पर हैं मुश्किलें
मुश्किलों अड़चनों को खत्म कर लें
सुलगती जिंदगी की तपस कम कर लें
दो कदम तुम चलो दो कदम हम चलें
ये फासले ज़िन्दगी के कम कर लें

(२)
कुदरत ने दीं हैं हमें कई नियामतें
वह है त्याग समर्पण और मोहब्बतें
चलो हम इन्हें आत्मसात कर लें
इस सकारात्मकता को समेट लें
दो कदम तुम चलो दो कदम हम चले
ये फासले ज़िन्दगी के कम कर लें

(३)
एक शेरनी को बच्चा बन्दर को दूध पिलाने लेटे देखा
एक शेर को बच्चा हिरन को बचाते देखा
जानवरों को संकट में एक दूसरे को बचाते देखा
हम जानवरों से इंसानियत का सबक लेले

दो कदम तुम चलो दो कदम हम चलें
ये फासले ज़िन्दगी के कम कर लें

(४)
चलो, हम बद्रीनाथ की घटना याद कर लें,
वर्तमान में चल रहे कोरोना से सबक ले लें
हम अपनी जिंदगी की क्षणभंगुरता को समझ ले
क्यों न गिले शिकवे दूर कर प्यार से रह ले
दो कदम तुम चलो दो कदम हम चले
ये फासले जिंदगी के कम कर लें

कविता तेरा रूप कैसा

(१)
कविता में कहता हूँ कविता का श्रृंगार कैसा
कविता तेरा रूप जिसमें ढालो उस जैसा
कभी प्रेम की अभिव्यक्ति कभी जुदाई की पीड़ा
कभी दुल्हन का श्रृंगार कभी विरह की पीड़ा
कभी नटवर की लीला कभी ममता की लोरी
कभी त्याग की प्रस्तुति कभी व्यवहार की संकीर्णता
कविता में कहता हूं कविता का श्रृंगार कैसा,
कविता तेरा रूप जिसमें ढालो उस जैसा

(२)
कभी देवता की स्तुति, कभी विरक्ति की वेदना,
कभी वंदना के स्वर, कभी समर्पण की गाथा
कभी चेतना के स्वर, कभी होती हो प्रेरणा,
कभी शांति का पाठ, कभी तूफ़ान की विभीषिका
कविता मैं कहता हूँ, कविता का श्रृंगार कैसा?
कविता तेरा रूप जिस में ढालो, उस जैसा

(३)
कभी चाँद की सुंदरता, कभी तारों का झिलमिलाहट,
कभी प्रकृति की सजीवता, कभी उसका रूप विकराल।
कभी आततायी को ललकार, कभी युद्ध की गर्जना,
कभी फौज की वीर गाथा, कभी दुश्मन का संहार।

कविता मैं कहता हूँ, कविता का श्रृंगार कैसा?
कविता तेरा रूप जिस में ढालो, उस जैसा।

(४)
कभी दिखती रामायण में कभी दिखती गीता में
कभी दिखती महाभारत में कभी दिखती स्मृतियों में
कभी दिखती वेदों में कभी दिखती पुराणों में
कभी दिखती गुरुवाणी में कभी दिखती कबीर वाणी में
कविता में कहता हूं कविता का श्रृंगार कैसा?
कविता तेरा रूप जिसमें ढालो उस जैसा

कल आज कल

(१)
आज कल में बदल जाता
कल आने वाला भी आया
जीवन आता भी कल से
जीवन जाता भी कल में

(२)
कल और कल बीच आज है
आज गुजरा कल में समता है
जीवन का चक्र है इससे बंधा
आज का जीवन कल में समाता

(३)
जीवन को ऐसे जियो कि
उसका कल कभी न हो
कल में समाने पर भी
आज की मिसाल रहो

(४)
जो प्रेरणा के श्रोत बनते
वो कल में नहीं है समाते
उनका आज हमेशा धड़कता
प्रेरणा लेने वाला आज में होता

आज का फैशन

(१)
गरीब अमीरों की उतरने पहनते थे
फटे कपड़े गरीबी की निशानी होते थे
वह मजबूरी में फटे कपड़े पहनते थे
गरीबी में अपने भाग्य को कोसते थे

(२)
अब नया जमाना आ गया है लिबास बदल गये
अब बदरंग व फटे कपड़े फैशन बन गये
जो अमीरी की निशानी बन गये
बाजार में फटी जीन्स के दाम बढ़ गये

(३)
अब यदि फटे कपड़े नहीं मिल पाए
तो नये कपड़े फाड़े जाने हैं लगे
ताकि न दिखाने वाली की छाया दिखने लगे
और पहनावे की स्वतंत्रता को नज़र न लगे

(४)
संस्कृति पतन की कगार पर है
बालकों की स्वच्छंदता बढ़ रही है
समाज खोखला होता जा रहा है
नारी के तन से दुपट्टा साड़ी गायब है

(५)

भगवान जाने कैसी बयार चल रही है
पुरानी पीढ़ी भी जबान बंद रख रहीं है
नयी पीढ़ी अपनी धुन में हावी हो रहीं हैं
जिसे लाज कहा जाता वह नंगी हो रहीं है

(६)

नयी पीढ़ी के लिये गुरुकुल का गठन हो
ताकि सामाजिक पतन का अंत सम्भव हो
समाज अनुशासित पथ पर अग्रसर हो
पहनावा भी सीमा के अंदर ही हो

मर्यादा का अंत

(१)
ये संसार बन गया है माया नगरी
सब तरफ माया का साम्राज्य है
माया ने सबकी बुद्धि भ्रष्ट की है
हर कोई पापाचार में लिप्त है
मानव ने अपनी मर्यादा को तोड़ा है

(२)
रावण ने सीता से प्रणय आग्रह किया
पर सीता ने केवल तिनके को ही देखा
रावण ने जब राम रूप धारण किया
तब हर पर स्त्री लगी उसे समान माता
रावण ने मर्यादा को नहीं तोड़ा

(३)
आज का मानव पिशाच रूप में विचर रहा
माँ बेटी बहने नहीं है सुरक्षित
रावण राक्षस हों कर मर्यादा में बना रहा
आज के मानव ने मर्यादा को तोड़ दिया
रावण ने मर्यादा को नहीं तोड़ा

(४)
आज अपराधी बन रहे सांसद विधायक पार्षद
उनके हाथ लगी है सत्ता की बागडोर

मानव पिशाच रूप में विचर रहा
जहाँ अबला बच्चियां नहीं हैं सुरक्षित
मानव ने अपनी मर्यादा को तोड़ रहा

(५)
यहाँ अपराधी हो रहे महिमामंडित
अपराध के गुर सिखाए जा रहे हैं
नयी पीढ़ी नशे में हो रहीं बर्बर
नेता अपनी अवैध कमाई विदेश भेज रहे हैं
रावण ने अपनी लंका को सोने की बनाया

सुख शांति

(१)
तुम्हारी रोशनी अंधेरे को विदा कर गई
वरना अंधेरे से मैंने दोस्ती कर ली थी
जिंदगी में आईं तो जीने की वजह मिल गई
जिंदगी कट रहीं थीं जीने की चाह मिल गई

(२)
हर तूफान की पृष्ठभूमि में शांति काल होता
वरना तूफान का एहसास ही नहीं होता
हर दु:ख की पृष्ठभूमि में सुख की पृष्ठभूमि है
वरना दु:ख का एहसास भी नहीं होता

(३)
दुख तूफान का आना जाना तो है लगा
जो सुख शांति के आगमन का है सूचक
तुमने आकर नई जिन्दगी का एहसास दिया
तब मैंने सुख शांति से उसे काट दिया

जनसँख्या नियंत्रण

(१)
जनसंख्या पर अंकुश लगना चाहिए
जनसँख्या विस्फोट रुकना चाहिए
प्रकृति जानती है जनसँख्या नियंत्रण
बड़ा भयानक है उसका प्रबंधन

(२)
बादल का फटना याद कर लो
बद्रीनाथ की घटना याद कर लो
सागर की सुनामी याद कर लो
लातूर का भूकम्प याद कर लो

(३)
इससे भी बड़े कदम उठा सकती प्रकृति
विश्वयुद्ध की विभीषिका की कल्पना करो
विश्व परमाणु बम पर आसीन हो गया है
हिरोशिमा नागासाकी की याद कर लो

(४)
इससे अच्छा है कि मानव स्वयं नियंत्रित हो
वर्तमान में चल रहे कोरोना से सबक लो
कहीं विश्व में मानव जाती समाप्त न हो
इस हेतु मानव जाति की ओर से प्रयास हो

समय

(१)
एकादशी से पूर्णिमा
एकादशी से अमावस्या
जिंदगी समय से बंधी
एकादशी से एकादशी के बीच

(२)
रवि से रोशन है जहाँ
अंधेरा संसार में ही है
जिंदगी अंधेरा उजाला है
ये उसी का मेल ही है

(३)
सफलता पर अधिक उत्साह नहीं
असफलता पर अधिक हताशा नहीं
बड़ी सफलता के पहले असफलता देखी
पता नहीं घड़ी कब है बदलती

(४)
यदि कद बढ़े तो घमंड नहीं
कभी परछाई भी साथ छोड़ती
वह सूर्य की चाल पर निर्भर है
यही जीवन की सच्चाई भी है

जीवन

(१)
कठोरता निकाल दो तो पाषाण नहीं
तरलता निकाल दो तो जल नहीं
ऊष्मा निकाल दो तो अग्नि नहीं
आत्मा निकाल दो तो जीवन नहीं

(२)
जीवन कठोरता बिना अधूरा
जीवन तरलता बिना अधूरा
जीवन ऊष्मा बिना अधूरा
जीवन सबके साथ पाता पूर्णता

(३)
जीवन को जियो जल, पाषाण, अग्नि जैसा,
उक्त के अभाव में जीवन है शूल जैसा
यूँ तो जीवन जीने के कई पहलू हैं,
जीवन को कर लो पाषाण, जल, अग्नि जैसा

विकृत चेहरा किसान आंदोलन

(१)
जंगल राज में कोई रिश्ते नहीं होते हैं
हर जीव दूसरे का भोजन मात्र होता है
यहीं हाल जल में बसी दुनिया का है
जहाँ छोटी मछली बड़ी का आहार है

(२)
सत्ता के गलियारों में भी यह ही हाल है
जहाँ योग्यता का पैमाना खत्म हो गया है
पूरा समाज जातियों में बंट गया है।
जहाँ अयोग्य व्यक्ति का चयन निर्वाचन है

(३)
इतिहास गवाह है कि दस्यु बनी सांसद
जेल में बंद अपराधी चुनाव जीत गये
सरकार का भय समाप्त हो गया है
अपराधी कानून की धज्जियाँ उड़ा रहे

(४)
लोकतंत्र का विकृत स्वरूप दृष्टिगोचर है
जाति के आधार पर वोट पड़ रहे है
सत्ता में अयोग्य व्यक्ति पनप रहे हैं
साधारण व्यक्ति पाटों में पिस रहे हैं

(५)
सबने सिद्धान्तों की बलि चढ़ा दी है
सही गलत परखने की जरूरत नहीं है
सबने विरोध को उद्देश्य बना लिया है।
अच्छे काम को परखने की क्षमता नहीं है

(६)
सत्ता के लालच में नेता पिशाच रूप में है
जहाँ देश भक्ति सूली पर चढ़ गयी है।
घोटाले कर पैसे का दम्भ भरा पड़ा हुआ है
देश में देशद्रोही शक्तिमान हो रहे हैं

(७)
प्रथम सेवक को हटाने के विकल्प सोच रहे
समस्या का समाधान हिंसा में नहीं है
पहले जानो समस्या है भी या नहीं है
भड़काने से भटकना उचित नहीं है

(८)
यह भी निर्णय लेना आवश्यक है।
समस्या तुम्हारी है या भड़काने वालो की है.
समस्या का निदान शांति से भी है
आतंकियों के पोस्टर में निदान नहीं है

(९)
आतंकी के पोस्टर से यह प्रकट हो रहा
तुम आतंक के समर्थक अवश्य हो

तुम तो देशद्रोही पहले ही हो गए हों
फिर समस्या का निराकरण क्या हो

(१०)
आओ बैठो मानवता को जिंदा करो
समस्या है भी या नहीं यह भी समझो
समस्या है तो निदान भी अवश्य ही है
आत्मा को जगाओ और निदान करो

एक नजर की जरूरत है

(१)
सब का पैदा होने का एक ही तरीका
एक माँ और एक बाप की जरूरत है
जिन संतों को मारा वो माँ से पैदा थे
तुम भी कहीं और से पैदा नहीं हुए
जिसे देखने एक नजर की जरूरत है

(२)
तुमने जिन संतों को मारा वो मर गए,
उन्हें मारकर तुम भी अमर नहीं हुए
तुम पैदा हुए, वह भी पैदा हुए थे,
तुम भी मरने के लिए ही पैदा हुए हो।
जिसे देखने बस एक नज़र की जरूरत है

(3)
जिन्हें मारा वे काफिर थे मारा इसलिए
या 72 हूरों की सोच से वो मारे गए
ताकि तुम्हें जन्नत नसीब हो सके
हत्या कर के जन्नत मिली हो ऐसा कोई नहीं
जिसे देखने एक नजर की जरूरत है।

(४)
मालिक का ऐसा आदेश नहीं बेकसूर को मारो
आदेश की गलत व्याख्या से लोग मारे गए

यह बताने वाला कोई नहीं कि जन्नत कैसी है
जन्नत तो नेकी पर चलने से नसीब होती है
जिसे देखने एक नजर की जरूरत है

(५)
जो भी पैदा हुए उनका मरना है निश्चित
बाकी सब चीजें होतीं हैं अनिश्चित
जिन्होंने मारा उनमें से कोई जीवित नहीं है
मौत का खेल बन्द हो या न हो
जिसे देखने एक नजर की जरूरत है

(६)
माओ त्से तुंग मरे, चाऊ एन लाइ मरे थे,
नेपोलियन मरा सभी तानाशाह मरे थे
बाबर, औरंगज़ेब, शाहजहाँ भी मरे थे,
राम, कृष्ण, ईसा, मोहम्मद सभी ने शरीर त्यागा
जिसे देखने बस एक नज़र की ज़रूरत है

(७)
सोचो कुछ लम्हें मिले हैं जीने के लिये
इन्हें मारने काटने में बर्बाद न करो
यहीं पर स्वर्ग है यहीं पर है नरक
यहीं पर जन्नत है यहीं पर जहन्नुम
जिसे देखने एक नजर की जरूरत है।

आरक्षण

(१)
वाह रे भारतीय समाज
अजब तेरी माया गजब व्यवहार
कुपात्र को पात्र बना दिया
पात्र को वंचित बना दिया

(२)
हँस को दाना चुगा दिया
कागा को मोती दे दिया
परिंदे को पिंजरा दे दिया
गधे को उड़ने का कहा

(३)
भ्रष्टाचारी को ईमानदारी का तमगा दिया
ईमानदार से ईमान का सबूत मांग लिया
आरक्षण ने यहीं तो वरदान है दिया
गुण दोष के सिद्धांत को बलि चढ़ा दिया

(४)
योग्य को अयोग्य ने पछाड़ दिया
इस सौगात को देने वाले ने अपना
इलाज अमेरिका में करवा लिया
गरीब को अयोग्य के हवाले कर दिया

(५)
वोट बैंक की खातिर ये क्या किया
आरक्षण दस दस साल करते हुए
सत्तर साल तक बढ़ा दिया गया
यह विश्व गुरु बनने का लक्षण नहीं

(६)
अब प्रतिभावान की अनदेखी बंद हो
प्रतिभा की खातिर आरक्षण समाप्त हो
समाज को बांटने की साजिश समाप्त हो
प्रतिभा की अनदेखी समाप्त हो

सुखी जीवन जीने का मंत्र

(१)
मंज़िल सबकी एक, रास्ते जुदा जुदा
अंजाम सबका एक, रास्ते क्यों जुदा,
कोई दिल में जन्नत की तमन्ना रखता
कोई मोक्ष प्राप्ति की रखता लालसा

(२)
जन्नत व स्वर्ग में क्या क्या है
कोई नहीं जानता न बताता
फिर क्यों मारने को हो आमादा
जब कुदरत ने एक जैसा बनाया

(३)
किसी ने अल्लाह का फ़रमान नहीं सुना,
किसी ने भगवान का आदेश नहीं सुना
किताब लिखने वाला एक इंसान ही है,
देश, काल, परिस्थिति में कुछ लिख गया

(४)
किसी एक व्यक्ति की लिखी हुई बात
न तो अल्लाह का फरमान हो सकता
न ही भगवान की हो सकती है आज्ञा
सर्वशक्तिमान ने एक धरती को बनाया

(५)
बनाते समय एक मस्तिष्क सब को दिया
कितने सुन्दर रंग बिखेरे देखो ज़रा
फूल पत्तियों में कुदरत की सुंदरता
सुन्दरता को नष्ट करने नहीं बनाया

(६)
इंसान उसकी कारीगरी का है नमूना
बस इंसानियत है निदान समस्या का
एक दूसरे का आदर करना है उचित
यहीं है सुखी जीवन जीने का मंत्र

जीवन का चक्र

(१)
पहले आँखों का मन्द पड़ना
फिर कानों का बन्द होना
शरीर की बढ़ती हुई लाचारी
जिंदगी पूरी होने का है संकेत

(२)
भगवान चित्रगुप्त के पास है लेखा
तुमने तुष्ट की है आत्मा या काया
तुष्टिकरण में किस सीमा को लांघा
और किस सीमा को बनाए रखा

(३)
धीरे-धीरे शिथिल पड़ती यह काया,
संकेत है मौका अब मिल चुका
जो कर्म किए, उन पर निर्णय होगा,
घड़ा पाप-पुण्य का है कितना भरा?

(४)
निर्णय के चार हैं परिणाम
मोक्ष पाना या बैकुंठ जाना
नरक की प्रताड़ना को भोगना
या नई काया के साथ लौटना

(५)
निर्णय जो भी होगा मानना पड़ेगा
नई काया के साथ परीक्षा देना होगा
लक्ष मोक्ष प्राप्त करने का होगा
कर्म के अनुसार फिर निर्णय होगा

बीते पल

(१)
बचपन बीता दे पल दो पल का साथ
माँ की गोद छूटी बहन के आने के बाद
बहन का साथ छूटा उसकी विदा के बाद
एक छत थी वह भी छूटी योवन के साथ

(२)
योवन आया सुखद सपनों के साथ
योवन बीता सपना सपना ही रहा
बेटियाँ विदा हुईं अपना घोंसला बनाया
बेटा भी गया अपने जीवन साथी के साथ

(३)
अब जीवन का चौथा पहर चल रहा
अब हम दो ही बचे है शिथिल काया के साथ
जीवन चल रहा मानसिक वेदना के साथ
है प्रभु जीवन समाप्त हो मोक्ष के साथ

भोर का इंतजार

(१)
जिंदगी की ऊबड़ खाबड़ पटरी पर
अब वो समरसता नहीं दिखती है
जहां कभी फूल खिला करते थे
वहां अब कैक्टस उग आए हैं

(२)
कभी खुशी में खोट दिखती है
कभी खोट में खुशी दिखती है
खुशी का इंतजार था सागर किनारे
एक लहर का झोंका सब ले गया

(३)
मेरा जीवन डाल के टूटे पत्ते सा था
जो भी आया कुछ कह कर चला गया
मैं तो मिट्टी तक में न मिल सका
अलग थलग पड़ा ही रह गया

(४)
मेरी देह हुई है अब ठंडी
अब वो तत्परता नहीं रह गई
आत्मा बुझी बुझी सी रहती
अब वो शांति नहीं रह गई

(५)
मैंने अभी आस नहीं छोड़ी है
हर चीज की उमर अवश्य होती है
इस समय की उमर भी निश्चित है
मुझे अब भोर का इंतजार है।

मत रोको

(१)
जिस पेड़ पर फूल लदे हों
उसके फूल मत तोड़ो
रात रानी को रात मैं
महक फैलाने से मत रोको

(२)
जिस बादल मैं पानी हो
उसे बरसने से मत रोको
चन्दन मैं खुशबू तो है
उसे विषधर से घिरने दो

(३)
चन्दन तो चन्दन ही होता
उसे विषमय मत होने दो
जिस मानव में इंसानियत हो
उसे इंसान ही रहने दो

(४)
शहीद की शहादत देश भक्ति है
उसे सवालों के घेरे में मत होने दो
सेना की बहादुरी पर प्रश्नचिह्न मत लगने दो।
जो आग से खेलने आए उन्हें खेलने दो

क्षणिकाऐं

दिल दिल ही हैं जिसमें एक छवि है
दृष्टि दृष्टि ही है जो सब तरफ होती है
दिल की सीमा हैं सीमित छवि तक
दृष्टि की सीमा नहीं, देखती सब तरफ
*****

इस अंधेरी जिन्दगी में कुछ नहीं
पर आशा की किरण है अभी बाकी
बंद खाली मुट्ठी लेकर आए थे
खुले खाली हाथ ही जाना हैं
*****

हिसाब लगाते बीती पूरी जिंदगी
खाली हाथ आए काहे का हिसाब
खाली हाथ ही तुम्हें जाना होगा
लो हो गया पूरा जिंदगी का हिसाब
*****

मैं चला था अंजुली में खुशी भरने
सुबकना सिखा दिया मेरे प्यार ने
मेरे दिल को धर्मशाला न समझो
जहाँ तुम को छोड़ प्रवेश है वर्जित
*****

तुम प्यार न दो कोई बात नहीं,
मैंने अभाव में रहना सीख लिया है
जनाज़े पर याद करके न रोना तुम,
वरना ख़ाक में सुकून से न रहेंगे हम
*****

चाँद न चमके तो अमावस्या हैं
अमावस्या तारों की चमक है
चाँद तारों की मुझे दरकार नहीं है
प्यार का एक जुगनू ही काफी हैं
*****

तुम्हारी बेरुखी पर
तरस खाऊँ किस पर
अपनी किस्मत पर या
तुम मेहरबान हो उस पर
*****

दिल लिया दर्द दिया
फिर ग़ैर का दामन पकड़ लिया
कुछ कहा तो कह दिया
हंसकर बोलने को प्यार समझ लिया
*****

जब कोई रास्ता नजर नहीं आता
तब रास्ते खुद ही बनाने पड़ते हैं

मंजिल की तरफ कदम बढ़ाओ
रास्ते खुद ही बनते चले आते है
*****

यदि अंधेरा घिर आया हो
ऐसा नहीं कि वह स्थाई है
सुबह का इंतजार तो करो
अंधेरा जाने को ही आता है
*****

हमें दु:ख दे आप खुश होते हैं
हमें तसल्ली कि आप खुश हैं
एहसान किया मुहब्बत ठुकरा के
एहसास हुआ तन्हा जीना क्या है
*****

समय सीमा खत्म सब रिश्ते खत्म
अच्छा है तुमने पहले ही तोड़ दिए
कम से कम तुम घसीटने से बचे
इसी तसल्ली में बाकी दिन गुजार दिए
*****

पूर्णता या अपूर्णता

दीपक के बुझने पर लकीरों का बनना
फिर हवा में खोना
पानी में पानी के बुलबुले का बनना
फिर पानी में मिलना
रात को पत्तियों का ओस कणों से श्रृंगार
फिर सुबह लुप्त होना
भंवरे का कमलपाश में जकड़ा जाना
फिर सुबह मुक्त होना
है यह जीवन की क्षण भंगुरता
या है सीमित जीवन की पूर्णता।
कुछ लकीरों को रूप देने की चेष्टा
बेल का बिना सहारे चढ़ने की चेष्टा
बिना सुर साधे गाने की चेष्टा
दुख के क्षणों को सहने की क्षमता
है ये प्रयास आत्म विश्वास जगाने का
या है फिर असम्भव आकाँक्षाओं की अपूर्णता

रिश्ते

रिश्ते तो रिश्ते हैं, नाना प्रकार के होते
कुछ रिश्ते गले लगाए जाते
कुछ रिश्ते निभाए जाते
कुछ रिश्ते ढोए जाते
रिश्तों का ढोना कष्टप्रद होता
ढोने में मजबूरी का एहसास होता
रिश्तों का ढोना बंद करना होगा
मन मार कर ढोना नहीं है अच्छा
ऐसे में उन्हें खूबसूरत मोड़ देना अच्छा

वक्त

वक्त से कल था
वक्त से आज है
वक्त से कल होगा
वक्त से नहीं डरना
वक्त आता और जाता
वक्त कहीं नहीं टिकता
वक्त का होता दिन
वक्त की होती रात
वक्त सबसे बलवान
वक्त आदि का था
वक्त से अंत होता।

कमाई जो साथ जाए

(१)
पिंजरे में कैद यह जिन्दगी
एक जैसे दृश्य की तरह कटती
उड़ान का सबक नहीं सिखाती
न ही बेल सा चढ़ना है सिखाती

(२)
इस पिंजरे का क्या कब टूट जाए
प्राण पखेरू आकाश में उड़ जाए
और देह पंचतत्व में विलीन हो जाए
जो कमाया वह यहीं पर छूट जाए

(३)
किसी भी बंधन में सुख की अनुभूति नहीं
छोड़ न पाए साथ एसी करले तू कमाई
मोह माया के बाहुपाष से मुक्त हो कर
कर ले भगवत भजन जो साथ जाए

मंजिल

(१)
जीवन का परिणाम है आगे बढ़ना
मृत्यु का परिणाम है जीवन का रुकना
पड़ाव को मंजिल नहीं कहना
यह कुछ समय का है विश्राम
मंजिल की तरफ कदम बढ़े
मंजिल खुद चली आती

(२)
छोटी छोटी व्याधि हार नहीं होती
हौसला बुलन्द हो तो मात नहीं होती
उद्देश्य अगर नेक हो, तो विपदा टल जाती है
जिंदगी चलायमान हो तो हार नहीं होती
मंजिल की तरफ कदम बढ़े
मंजिल खुद चली आती

(३)
भगवान उनकी ही मदद करते
जो मंजिल पाने का प्रयास करते
नेक इरादा हो तो रुकावट नहीं होती
साफ मन है तो परिणाम की फिक्र नहीं होती
मंजिल की तरफ कदम बढ़े
मंजिल खुद चली आती

(४)

मंजिल पाए बिना रुकने का काम नहीं
यदि रुक गए तो समझो मृतक हो गए
ठंडी देह चलायमान नहीं होती
जियो ऐसे कि उत्सव हो कही
मंजिल की तरफ कदम बढ़े
मंजिल खुद चली आती

जिन्दगी जीना है

(१)
शिकायत बहुत कर चुके
अब शिकायत नहीं करना
जिंदगी के कुछ पल शेष है
इन्हें काटना नहीं जीना है.

(२)
किसने क्या किया क्या कहा
गुजरे जमाने की बातें होंगी
इन्हें जिंदा नहीं रखना है
भूत को छोड़ वर्तमान में विचरना है
जिंदगी के कुछ पल शेष है
इन्हें काटना नहीं जीना है

(३)
कुछ पल ऐसे थे परिस्थिति वश गुजरे
पर बिना जाने ही पलटवार हो गया
कुछ पल ऐसे निकल गए जिनकी
वास्तविकता जाने बिना व्यवहार हुआ
जिंदगी के कुछ पल शेष है
इन्हें काटना नहीं जीना है

(४)
नकारात्मकता का सृजन बेकार है
इसमें दुखों अम्बार लगा हुआ है

सकारात्मक ऊर्जा उत्पन्न करो
यही जीवन को सार्थक बनाता है
जिन्दगी के कुछ पल शेष है
इन्हें काटना नहीं जीना है

(५)
है माता पीताम्बरा मुझे निंदा से दूर रखो
कुविचार न आवे मन में ऐसी शक्ति दो
दूसरों के व्यवहार को सहने की शक्ति दो
गलत को गलत कहने की शक्ति दो
जिंदगी कुछ पल शेष है
इन्हें काटना नहीं जीना है

(६)
है माता रानी में आपका पुत्र हूं
भूत वर्तमान में गलत से दूर रखा
भविष्य में ऐसी कृपा बनाए रखो
अपना आशीर्वाद बनाये रखो
जिंदगी के कुछ पल शेष है
इन्हें काटना नहीं जीना है

पुष्ट संकल्प

(१)
संसार रूपी सागर में थपेड़ों से न डर
थपेड़े तो है सागर की प्राकृतिक देन
मजबूती से खड़ा रहना तो सीख
थपेड़े है, जानें के लिए पैरों से टकरा कर

(२)
शमा की उम्र है बड़ी पर जलती तिल तिल
पर परवाने का प्यार हैं बड़ा ही अजीब
वह रहे न रहे अगले ही क्षण
अपने आप की देता है आहुती

(३)
थपेड़े एवं कुर्बानी है जीवन के अंग
उन्हें सह कर जीती जाती जीवन की जंग
वे आते और जाते हैं नाना प्रकार से
हर बार कुछ न कुछ शिक्षा दे जाते

(४)
संकल्प के बिना अरमानों की आहुति होती
या थपेड़ों से टकरा कर हार मान ली जाती
पुष्ट संकल्प से सब की मात होती
और खुशहाली हैं आचमन करती

पाषाण

(१)
कभी ग्रह का बोध कराते पाषाण
कभी मन्दिर में जड़ जाते पाषाण
कभी नींव में दब जाते ये पाषाण
इमारत मजबूत बनाते ये पाषाण
मानव का अटूट हिस्सा ये पाषाण

(२)
कभी छाती पर छैनी चलवाते
बहुमूल्य शिला लेख बन जाते
कभी प्रेयसी का रूप लेते
प्रियतम को पलट देखना बताते
मानव का अटूट हिस्सा ये पाषाण

(३)
कभी गिट्टी का रूप लेते ये पाषाण
मार्ग को पुष्ट बना डालते ये पाषाण
आवागमन को सरल बनाते ये पाषाण
राही को गन्तव्य तक पहुंचाते ये पाषाण
मानव का अटूट हिस्सा ये पाषाण

(४)
इनकी छिली हुई छाती तो देखो
पुरानी कला का बोध है कराते

अपने ऊपर हथौड़ा चलवाकर
सुंदर कला कृति बन जाते
मानव का अटूट हिस्सा ये पाषाण

(५)
गलत हाथों में पड़ने पर ये पाषाण
असहनशीलता का द्योतक बन जाते
शांति दूतों के प्रयास असफल करते
उनके शरीर को घायल ये कर जाते
मानव का अटूट हिस्सा ये पाषाण

(६)
कभी देवता का रूप ले कर
मन्दिर में जाकर बस जाते
देवता आकर उनमें समा जाते
भक्ति का साधन है बन जाते
मानव का अटूट हिस्सा ये पाषाण

(७)
कभी पाषाण की मूर्ति चोला छोड़ती
कभी भक्त के हाथों दूध पी जाती
कभी नेत्र को चलायमान है करती
कहीं तीन रूप दिन में है बदलती
मानव का अटूट हिस्सा ये पाषाण

(८)
बादल को रोकते ये पाषाण
धरती की प्यास बुझाते पाषाण

खाद्यानों को पैदा करते पाषाण
समाज की क्षुधा मिटाते पाषाण
मानव का अटूट हिस्सा पाषाण

(९)

पाषाणों के पास है अटूट भंडार
कभी सोना उगलते कभी ताँबा
कभी चांदी उगलते कभी लोहा
कभी गैस रिसाते कभी तेल
मानव का अटूट हिस्सा ये पाषाण

परछाई

परछाई जो दिखती नहीं
पर पीछा करती है
कभी आगे रह कर
साथ है चलती
कभी कद से बड़ी हो कर चलती
कभी कद से छोटी हो कर चलती
कभी कद के बराबर हो कर चलती
कभी कद में लुप्त हो कर चलती
कभी आने वाले पल की परछाई
पहले दिखती
मन में उतरी परछाई
कभी पुलकित करती
कभी मुरझाई दिखती
प्रभू की परछाई हृदय
को सम्बल देती
जिन्दगी भी है एक परछाई
जो कभी एक जैसी नहीं रहती।

होता वही है जो होनी को करना होता

(१)
अल्हड़ नदी का बहाव रुकता नहीं
समय किसी का इंतजार करता नहीं
सूरज अपनी रोशनी छोड़ता नहीं
काया बिना आत्मा रहती नहीं
होता वही जो होनी को करना होता

(२)
हर साल नया साल आना छोड़ता नहीं
हर साल सपने देखना छोड़ते नहीं
देखे सपने कभी पूरे होते नहीं
हर साल होता वही जो होना होता
होता वही जो होनी को करना होता

(३)
राम सीता का वनवास रोक सके नहीं
वरदान हिरण्यकश्यप की मृत्यु रोक सके नहीं
शिव शक्ती की मृत्यु रोक सके नहीं
कृष्ण राधा के विरह को रोक सके नहीं
होता वही है जो होनी को करना होता

(४)
वर्दनियो के वरदान होनी को रोक सके नहीं
भस्मासुर अपनी मृत्यु रोक सके नहीं

कन्हैया महाभारत रोक सके नहीं
राम रावण से युद्ध टाल सके नहीं
होता वही जो होनी को करना होता

(५)
होनी को नारायण रोक सके नहीं
राम कृष्ण शिव होनी को रोक सके नहीं
तुम नर हो कर होनी रोक सकते नहीं
फिर होनी को उत्सव की तरह लेते क्यों नहीं
होता है वही जो होनी को करना होता।

सावन के बदरा

(१)
मयूर नृत्य कर मेघों के आने का देता संकेत
पपीहा पिहू पिहू गा कर करता अभिनन्दन
चंचल चपला चमकती है गगन पर
बदरा आए जल की बौछार धारा पर

(२)
नायिका के नयन बहा रहे हैं नीर
ऋतु तड़पाती आती नहीं है नींद
रतिया कैसे काटे बिरहा की मारी
भ्रम में है कि पिया की खुशबू कहाँ से आती

(३)
अपने रूठे साजन को मनाने अब वह जाती
अपने पिया की खुशबू अपने हृदय में वह पाती
दूसरी ओर भी यहीं हिलोर उठ रहीं थी
बात कुछ नहीं थी फिर क्यों बढ़ी थी

(४)
हृदयों की गुहार पर बात फिर से बनी थी
काफूर हुए फिर दोनों के गिले शिकवे
मौसम का अभिनन्दन दी दिल फिर से मिले
सावन के बदरा फिर झूम झूम के बरसे

तिनका

(१)
ईश्वर की बनाई कोई भी चीज़ व्यर्थ नहीं होती
प्रत्येक की अपनी अपनी भूमिका है होती
उद्देश्यों को समझने की जरूरत है होती
हर में अपनी अपनी हिस्सेदारी होती है

(२)
तिनका अपने जन्म दाता को हरा रखता
संसार के लिये प्राण वायु पैदा करता
सूखने के बाद भी बेकार नहीं होता
वह परिंदों का आशियाना बन जाता

(३)
मुसीबत बड़ी हो या हो छोटी
तिनके का सहारा बहुत होता
तिनके के सहारे बहुत से छोटे जीव
उफनती नदी को है पार करते

करोना का कहर

(१)
ये कैसी लहर आई है
यमदूतों को फुर्सत नहीं है
श्मशान पर जगह नहीं है
कब्रिस्तान भी खाली नहीं है

(२)
केवल खबर देना आसान है
किसी न किसी की खबर रोज आती है
ये कैसी बेबसी झेली जा रहीं है
दुआ भी काम की नहीं रहीं है

(३)
पंच तत्त्व में विलीन हेतु कतार है
जीने मरण पर इंतजार ही है
न विदा देने कोई आता है
नहीं कन्धे की ही आवश्यकता है

(४)
सड़क पर सन्नाटा पसरा है
बाजार धंधे बंद पड़े हुए हैं
हवा में प्रदूषण की मार है
घर भी सुरक्षित नहीं रहे है

(५)
यह सब समय का फेर ही है
शरीर से आत्मा मुक्त हो रही है
पता नहीं कब असर हो जाए
प्राण पखेरू हवा में उड़ जाएं

(६)
यह प्रकृति का जनसंख्या नियंत्रण है
विकास के रास्ते बंद पड़े
सब तरफ त्राहि त्राहि मची हुई है
अपने प्रिय से जुदाई हो रही है

(७)
हे माता रानी ये कैसी फिजा है
कि आप भी बेबस हो रहीं हो
कोई भी मददगार देवता नहीं है
अल्लाह भी सोया हुआ है

(८)
बंदे अंतिम साँस ले रहे हैं
न कोई मिलने वाला पास है
अकेले ही अंतिम संस्कार हो रहा है।
ये कोरोना का कहर बरपा है।

(९)
हे प्रभु अब तो खबर लो अपनी रचना की
कोरोना राक्षस को सुदर्शन तो दिखाई दो
अपने बन्दों को अब तो बचा ही लो
अपनी बनाई दुनिया को मत उजड़ने दो

समय अवश्य दिशा बदलेगा

(१)
ये काल ऐसा आया है भयानक
मस्तिष्क के सोचने की सीमा समाप्त है
बोलने के लिए दोनों होठ भिंचे हुए हैं
आत्मा में समाया भय विकराल है
पर समय अवश्य ही दिशा बदलेगा

(२)
मन में कुंठा अपने चरम पर है
कान अपनों का विछोह सुन रहे है
त्यौहार मातम के साये में निकल रहे है
समय के पहले यमदूत सक्रिय हुआ है
पर समय अवश्य ही दिशा बदलेगा

(३)
यह किसके बोये बीज की फसल है।
यह कैसी दूषित बयार चल रही है
अपनों से दूरी रक्खी जा रही है
अपनों के अंतिम दर्शन दुर्लभ है
पर समय अवश्य दिशा बदलेगा

(४)
बागों में खिले फूल मुरझा गए है
वह न तो देवता को अर्पित हो रहे है

न ही अंतिम विदाई में साथ है
और न ही किसी का श्रृंगार बन रहे है
पर समय अवश्य ही दिशा बदलेगा

(५)
पता नहीं यह काल कितना लम्बा है
विश्व को लपेट कर रख दिया है।
उसकी कोई सीमा निर्धारित नहीं है
पता नहीं कल किसको भारी पड़ रहा है
पर समय अवश्य ही दिशा बदलेगा

(६)
कृष्ण का सुदर्शन भी चुप है
राम का धनुष भी निष्क्रिय है
भोले का ताण्डव भी बंद है
कोरोना राक्षस हावी हो रहा है
पर समय अवश्य दिशा बदलेगा

(७)
रात के बाद ऊषा का आना होता है
जो आया है वह अवश्य जाएगा
कोरोना भी जाने के लिए ही आया है
उसका भी कार्य काल निश्चित ही है
पर समय अवश्य ही दिशा बदलेगा

अपनों में रह लो

(१)
चाहे जितनी ऊंचाइयां छू लेना
अपनों का दिल मत तोड़ना
रहोगे धरती पर ही तुम सदा
चाहे आसमान को छू लेना

(२)
चाहे जितना रिश्ते बना लो
तुम अपनों में ही रह लेना
संबंध एक बार भी टूटे
गांठ पड़ती यदि फिर जुड़ते

(३)
भले ही वैभव की मंजिलें पालो
नींव के पत्थर को मत भूलो
अगर कनगूरे बन जाओ सुन्दर
जड़ में गिट्टी पत्थर है न भूलो

(४)
प्रकृति ने हमें प्यार का उपहार दिया
इस उपहार को सम्हाल कर रक्खो
सब मुँह मोड़ लेते हैं मुसीबत में
प्यार साथ देता है ये कभी मत भूलो

कोरोना काल का सन्नाटा

(१)
कोलाहल समाप्त हो गया है
सब तरफ सन्नाटा पसरा है
आवाज सुनने कोई नहीं है
आवाज सन्नाटे में गुम हुई है

(२)
भीड़ में आशा थी आवाज सुन ले
दुनिया सन्नाटे की गुलाम हो गई है
डर से चुप्पी साध ली गई है
सन्नाटे से दोस्ती करनी पड़ी है।

(३)
भले ही सन्नाटे के कांटे बिखरे पड़े हैं
कांटों की चुभन भी सुखद हो गई है
जो पहले शूल सी हुआ करती थी
अब जीने की आवश्यकता हो गई है।

(४)
वाह री जिंदगी तेरा यह भी रंग है
एक ही छत के नीचे रहने वाले
जो कभी एक जान दो शरीर थे
आपस में दूरी रखने लग गए हैं

(५)

सन्नाटे ने अपना साम्राज्य फैलाया
सबको कोरोना के हथियार से डराया
हमको अकेला रहने को मजबूर किया
सत्य है काल किसी को नहीं छोड़ता

बचपन के खेल

(१)
बचपन बीता लो आ गई जवानी
जवानी बीती यादें रहीं बाकी
काश बचपन फिर से आ जाए
और हम मैदान में उतर जाएं
बचपन के खेल बहुत याद आते

(२)
खो खो का खेल संकट में खो देना
जिसने सिखाया बच के चलना
दुश्मन के प्रहार को भांपना
और उससे बच निकलना
बचपन के खेल बहुत याद आते

(३)
सितोलिया का खेल नहीं भूला सका
पत्थर के ढेर को गेंद से ढहाना
फिर गेंद के आक्रमण से बचना
पत्थर के ढेर को बच के जमाना
बचपन के खेल बहुत याद आते

(४)
कबड्डी के खेल का मंजर याद है
दो टीम के बीच वह मारामारी

विपरीत टीम से अपने को बचाना
पकड़े जाने पर हाथ से लाइन छूना
बचपन के खेल बहुत याद आते

(५)
नमक पारी का खेल नहीं भूला
नमक लेने बच के मैदान पार करना
दुश्मन से अपने आप को बचाना
नमक ला कर अपनों में बांटना
बचपन के खेल बहुत याद आते

(६)
गुल्ली डंडे का वह खेल प्यारा
गुल्ली को झेलने का प्रयास करना
गुल्ली से आक्रमण का प्रयास करना
फिर मैदान में डंडे से दंडों का गिनना
बचपन के खेल बहुत याद आते

(७)
गदा मार का खेल है बहुत निराला
सबका गोलाकार में गोले में बैठना
मारक ले गोले का चक्कर लगाना
मारक को पीछे डाल हमला करना
बचपन के खेल बहुत याद आते

(८)
सांप सीढ़ी व व्यापारी के खेल निराले
वो लड़ना झगड़ना फिर एक होना

अष्टा चंगा पै नहीं भूला आज तक
हार भी अच्छी भावना से स्वीकारना
बचपन के खेल बहुत याद आते

(९)
बचपन में खेल हमें ये है सिखाते
योद्धा बनकर कर आक्रमण करो
आक्रमण से किस प्रकार बचो
लक्ष जीत का हो हार खेल भावना में लो
बचपन के खेल बहुत याद आते

माता स्मृति में कुछ पंक्तियाँ

(१)
सूरज सी तपती जिन्दगी में
माँ तुम बट वृक्ष की छाया
माँ तुम हो मूर्ति त्याग की
दिया तुमने प्यार मुझे सारा
श्रद्धा से झुका मेरा शीश
माँ चरण तुम्हारे मेरा तीर्थ

(२)
माँ मेरे जन्म के बाद पैदा हुई
मेरी प्रथम क्षुधा मिटाने वाली
मेरी ज्ञान दायनी मेरी गुरु माँ
मेरी जीवन दायनी मेरी माँ
श्रद्धा से झुका मेरा शीश
माँ चरण तुम्हारे मेरा तीर्थ

(३)
माँ तुमने अच्छे संस्कार का बीज डाला
हर मुश्किल से लड़ना सिखाया
मुक्त आकाश में उड़ना सिखाया
हौसला को बुलंद रखना सिखाया
श्रद्धा से झुका मेरा शीश
माँ चरण तुम्हारे मेरा तीर्थ

(४)
माँ तुम्हें याद कर बहाता हूं नीर
तुम नहीं जानती क्या मेरी पीर
माँ बैकुंठ से दो मुझे आशीष
माँ तुम मेरी सखा और मीत
श्रद्धा से झुका मेरा शीश
माँ चरण तुम्हारे मेरा तीर्थ

(५)
आज बैकुंठ गए समय बहुत बीता
पर लगता है बात है कल की
आज तुम्हारी स्मृति पर
करता अर्पित श्रद्धा सुमन
श्रद्धा से झुका मेरा शीश
माँ चरण तुम्हारे मेरा तीर्थ

अंतर्राष्ट्रीय मात्र पित्र दिवस

(१)
अंतर्राष्ट्रीय मातृ एवं पितृ दिवस पर
विश्व करता स्मरण माता व पिता का
मेरे लिए तो प्रत्येक दिवस होता है।
पावन मातृ एवं पितृ दिवस प्यारा
मैं रोज करता नमन माता और पिता का

(२)
आपके चरणों के नीचे है सुख सागर
आपके चरणों में ही दरिया खुशी का
आपके चरणों में ही है स्वर्ग मेरा
आपके आशीष है संकट मोचक मेरा
मैं रोज नमन करता माता और पिता का

(३)
जब मैं आंखें बंद कर करता स्मरण
आप सामने होते हो ले समाधान समस्या का
आप ही पथ प्रदर्शक अंश हूं आपका
आपको रोज अर्पित करता श्रद्धा सुमन अपना
में रोज नमन करता माता और पिता का

बसंत पंचमी (दिनांक 03 फरवरी 1968)

(१)
महक उठी काँटों की क्यारी,
चमक उठी उर की चिंगारी।
सपनों को आधार मिला
जब तुमने बाँह गही।

(२)
जीवन को विश्वास मिल गया,
उर को भी एहसास मिल गया।
दीपक से भी मिली ज्योति
जब तुमने बाँह गही।

(३)
समय बड़ा होता है चंचल,
शीघ्र खींच लेता संबल।
खींच न लेना अंचल को तुम
जब तुमने बाँह गही।

(४)
कठिन बड़ी नेह की राहें,
सागर सदृश हृदय की चाहें।
तूफ़ानों से नहीं डरा मैं
जब तुमने बाँह गही।

इंतजार हो कब तक

(१)
संसार का वीभत्स रूप दिख रहा है
हर कोई पापाचार में लिप्त हो रहा है।
आबरू अबला की असुरक्षित ही है
बचने के प्रयास में गोली मारी गई है।

(२)
माता ऐयाशी की महफिल में सजी है।
मातृत्व को तार तार किया जा रहा है
माँ बच्चे को भूखा रखने मजबूर है
उस पर नृत्य करने का दबाव थोपा है

(३)
नारी जन्म मातृत्व देती है मर्दो को
मर्दो ने उसे बाजार में है बिठा दिया
मसलने कुचलने का साधन बना दिया
नारी को ऐय्याशी हेतु भगाया जा रहा है

(४)
ममता प्यार समर्पण शब्द है सुन्दर
उनका कोई अर्थ नहीं रह गया है
वे अब किताबों जड़े शब्द मात्र है
राक्षस सर उठाए घूम रहे हैं

(५)
यह कहावत गौण हो गई है अब
जहाँ नारी पूजी जाती है वहां पर
देवताओं का वास होता है
मानव राक्षस का बेहसी रूप हो गया है

(६)
गरीब नारी पेट की आग बुझाने
आबरू की कुर्बानी दे रही है
सौदे करने वाले सक्रिय हैं
ईश्वर का डर समाप्ति पर है

(७)
जिनके कंधों पर सुरक्षा का जिम्मा है
वहाँ रिश्वत का बाजार बहुत गरम है
जो रास्ते में रुकावट थी उसका अंत है
भगवान बता दे सहन करने की सीमा

ग़म रह गए मेरे नसीब में

(१)
कैसी पिलाई तूने यह मदिरा
भर नहीं पाया नयन का प्याला
झर गए मादक जाम एक पल में
और दु:ख रह गए मेरे नसीब में

(२)
उलझाया था तुमने ही यह आँचल
बनाया था मुझे अपनी मंजिल तुम्हारी
अब मैं तुम्हारी राह का कंकड़ हूँ
जिसे ठोकर ही नसीब होती है

(३)
बन गया हूं मैं एक सूखा कंकाल
पर छोड़ा न गया यादों का संसार
मेरा दिल एक सराय तो है नहीं
वह तो मंजिल है जहां सब आते नहीं

(४)
तुमने दिखाई है मुझे बेवफाई
भले ही तुमने प्यार को ठुकराया
पर मैं तो पूजा मानता हूँ तुम्हें
जिसकी पूजा कर काटूंगा जीवन

वधु रूनल को समर्पित पंक्तियाँ

(१)
महक रहा था मेरा आंगन
गूंज रहीं थीं शहनाई
पुलकित था मेरा ह्रदय
जिसकी प्रतीक्षा थी वह घड़ी आई
पायल की छन छन गूंज रहीं थीं
माई तेरी कृपा मेरे घर पर बरसी थी

(२)
पुरखों का आशीष मिला
सबकी मिली बधाई
कदम रक्खा रूनल ने
घर की लक्ष्मी घर आई
पायल की छन छन गूंज रहीं थीं
माई तेरी कृपा मेरे घर पर बसी थी

(३)
मातृत्व प्राप्त कर इस घर को दो पुष्प दिये
वसुंधरा परीक्षित इस घर को उपहार मिले
माता रानी और कृष्णा की कृपा ऐसी बरसी थी
रोम रोम ऋणी मेरा खाली झोली भरी थी
पायल की छन छन गूंज रहीं थीं
माई तेरी कृपा मेरे घर पर बरसी थी

(४)
पिताजी ने सपने में आकर आशीष दिया
हमारा क्या यात्रा हुई हमारी पूरी
अब कोई इच्छा नहीं रहीं बाकी
जीवन तुम्हारा सुखी रहे ना टूटे प्रेम की लड़ी
पायल की छन छन गूंज रहीं थीं
माई तेरी कृपा मेरे घर पर बरसी थी

कर्तव्य परायण

(१)
सूरज रोशनी फैलाने के कर्तव्य को नहीं भूलता
बादल पानी बरसाने के कर्तव्य को नहीं भूलता
अग्नि ऊष्मा देने के कर्तव्य को नहीं भूलती
पहाड़ अडिग होने के कर्तव्य को नहीं भूलता

(२)
जब ये प्राकृतिक व्यक्तित्व कर्तव्य को नहीं भूलते
मानव क्यों अपने इस गुण से वंचित रहता
मानव भी प्रकृति की उत्पत्ति ही तो है
वह अपने कर्तव्य से विमुख क्यों रहता

(३)
वह शायद प्रकृति के वशीभूत नहीं रहता
प्रकृति ने ही अपने नियमों का निर्धारण किया
प्राकृतिक भय सर्व शक्तिमान का अस्तित्व है
फिर प्रार्थना के तरीकों में टकराव क्यों होता

(४)
अपनी अपनी श्रद्धा के अनुसार प्रार्थना करने पर रोक क्यों
इसमें विवाद को उचित ठहराना उचित नहीं है
एक दूसरे को समाप्त करने की साजिश चल रही है
प्रार्थना के देव स्थलों को तोड़ा जा रहा है

(५)

मानव आपस में बट कर रह गया है
ऐसी स्थिति उत्पन्न होने के पहले ही समाप्त हो
अपने अपने क्षेत्र में प्रार्थना का अधिकार सुरक्षित हो
वातावरण में समरसता उत्पन्न हो

समाचारपत्र की खबर पर पंक्तियां

(१)
एक समाचार पत्र में एक खबर ऐसी आई
एक पिता से उसकी पुत्री गर्भवती हो गई
फिर उसने अपनी पुत्री से ही शादी रचाई
बेटा साला बेटी साली पत्नी सास बन गयी

(२)
ये कैसा समय आ गया है
बाप के साये में नहीं है सुरक्षा
बाप खुद चीर हरण कर रहा
बेटी ही तार तार हो रहीं है

(३)
पाप अब अपने चरम पर हो रहा है
मानव अब पिशाच बन गया है।
मानव ने राक्षसों को पीछे छोड़ दिया है
यह सिलसिला अब रोकना ही होगा

(४)
इसके लिये शासन के तीनों अंगों को प्रयास करना होगा
विधि में कड़े कानूनों को लाना होगा
बच्चों को स्कूल में नीति विज्ञान पढ़ाना होगा
न्याय प्रक्रिया में विलम्ब रोकना होगा

बसंत पंचमी 2025

(१)
आज वही बसंत पंचमी है जो 68 में थी
हरी साड़ी में उतरी थी एक सुन्दर पारी
जीवन में जिंदगी कड़ियां कम होती गईं
यादों की घड़िया और प्रबल होती गईं

(२)
तुम्हारा जीवन साथी के रूप में पदार्पण हुआ
किसी भी आश्चर्य से से कम साबित नहीं हुआ
तुम्हारे आने से मेरी जिन्दगी सरगम बन गई
और मेरे जीवन को एक दिशा थी मिल गई

(३)
महका था कांटों के मध्य एक गुलाबों का गुच्छा
ह्रदय मेरा बहुत अधिक प्रफुल्लित था
सपने जो देखे नहीं वह दिखने लगे थे
प्यार के बीज भी अब पनपने लगे थे

(४)
नव पल्लव नव चेतना का द्योतक है बसंत
आज ही मिला था एक जीवन साथी जो है अनंत
अब जिंदगी का चौथा पहर चल रहा है
इसे भी जीना है उल्लास के साथ संग संग

नव वर्ष

चौबीस बन गया
गुजरे लम्हों की याद
हर बारह माह बाद
जीने का साल होता कम

किसकी खुशी मनाते हम
उम्र की कड़ियों में से
एक कड़ी हुई है कम या
नई कड़ी का इंतजार हुआ खतम

31 दिसंबर और 01 जनवरी में
कोई अन्तर दिखाई नहीं देता
सब कुछ वैसा ही है जैसा था
और नया कुछ भी तो नहीं है

जीवन में खुशी मनाने के बहाने
लम्हों में कुछ नया जुड़ जाता
और हम पुरानी कड़वाहट को
भूल नए साल का स्वागत करते

नारी

नारी
तुम शिव शक्ति हो
तुम अंगों से शक्तिपीठ हो
तुम शिव को तपस्या हो
तुम राम की मर्यादा हो
तुम कृष्ण की प्रेम लीला हो
तुम जौहर कुंड की शोभा हो
तुम प्रेम का अंकुर हो
तुम समर्पण की गाथा हो
तुम ममता की लोरी हो
तुम त्याग की मूर्ति हो
तुम काल पर विजय हो
तुम राखी का बंधन हो
तुम राक्षस का संहार हो
तुम नंदन की माता हो
तुम संसार की निर्माता हो
तुम प्रत्येक क्षण की हो
तुम अनंत हो
तुम्हारे लिये पँक्तियाँ असीमित है।

अंशु बेटी को समर्पित कुछ पंक्तियां

(१)
अंशुमाली की प्रथम अंशु
अंशु उतरी थी मेरे आंगन
वह मेरी आत्मजा आत्म तृप्ति
वह मेरे ह्रदय का स्पंदन
सबने किया उसका अभिनन्दन
अंशुमाली की प्रथम अंशु
अंशु उतरी थी मेरे आंगन

(२)
उसका उआँ उआँ करके रोना
फिर खिल खिला कर हंसना
उसका अंगूठे को चूसना
मुझे देख कर अंगूठा खीचना
अंशुमाली की प्रथम अंशु
अंशु उतरी थी मेरे आंगन

(३)
उसका कुंए में झांकना फिर
गड्ढे में नदी का बहना बताना
किसी को भी मंडरे की माता कहना
फिर खिलखिला के हंस पड़ना
अंशुमाली की प्रथम अंशु
अंशु उतरी थी मेरे आंगन

(४)
उसकी लीलाऐं विस्म्रत नहीं हुई
वह बचपन को दे रही थी विदाई
वह योवन की दहलीज पर आई
लोकेश को जीवन साथी चुनी थी
लोकेश को कन्या दान की थी
अंशुमाली की प्रथम अंशू
अंशु उतरी थी मेरे आंगन

(५)
उसके घर दो पुष्प खिले
स्वस्ति स्पर्श उसे मिले
वह ममता भरी माता बनी
में नाना सुषमा नानी बनी
अंशु माली की प्रथम अंशु
अंशु उतरी थी मेरे आंगन

(६)
सरस्वती का आश्रय ले बनी अभ्यन्ता
लेखन गायकी कविता में है पारंगत
उसनें निर्जीव पृष्ठों में फूंका जीवन
कर्मठता उस के जीवन में है जीवन्त
अंशुमाली की प्रथम अंशु
अंशु उतरी थी मेरे आंगन

(७)
ममता प्रेम से है वह परिपूर्ण
त्याग समर्पण उसमें है जीवन्त

दया अनुराग से है वह परिपूर्ण
वह शिव परिवार को है समर्पित
अंशुमाली की प्रथम अंशु
अंशु उतरी थी मेरे आंगन

(८)
माता पीताम्बरा की कृपा बेटी बनी रहे
वह तेरी हर इच्छा पूरी करती रहे
तू आकाश की ऊंचाइयों को छूले
लोकेश तेरा साथ सदा ही बना रहे
अंशुमाली की प्रथम अंशु
अंशु उतरी थी मेरे आँगन

सनातन में सिंदूर की ताकत

(१)
आतंकी सिंदूर उजाड़ते रहे हम सहते रहे
प्रभो सद्बुद्धि देदो ऐसी प्रार्थना करते रहे
सदभाव बना रहे इसके लिए जीती हुई जमीन देदी
बंधक बनाए सैनिकों को तुम्हें वापस कर दिया

(२)
आतंकवाद कम होने के स्थान बढ़ता चला गया
आस्तीन के साँपों से फन मारना नहीं छोड़ा गया
बहते पानी में बिच्छु को बचाने पर डंक ही पाया
पानी भी अब सर से ऊपर बहुत अधिक बहने लगा

(३)
अब देश की बागडोर नये नेतृत्व ने सम्हाली है
वह जानती है कि सिंदूर की क्या ताकत होती है
सिंदूर ने तो यमराज को हरा कर काल पर विजय पाई है
सिंदूर को बचाने कई स्त्रीयों ने जौहर कुंड में जान देदी है

(४)
बालाकोट एवं पुलवामा के पश्चात आप्रेशन सिन्दूर आगया
और आतंकियों को ऑपरेशन सिन्दूर का दीदार करा दिया
अब बिना आतंक छोड़े कोई भी बात सम्भव नहीं है
और अब भी केवल नाजायज कब्जे पर ही होगी

(५)

बिच्छु और साँपों फन व डंक मारना छोड़ना होगा
ऑपरेशन सिन्दूर ने अपनी ताकत का प्रदर्शन दिखा दिया है
दुनिया उसके प्रदर्शन पर हतप्रभ एवं नतमस्तक है
आतंकवाद को अलविदा कह कर बातचीत के रास्ते खुले हैं

सनातन धर्म का विस्तार

(१)
सनातन सबसे पुराना जीने का सिद्धांत है
सनातन में प्रेम एवं आदर की गंगा बहती है
सनातन प्रेम त्याग और समर्पण सिखाता है
सनातन में सह अस्तित्व का दीपक प्रज्वलित है

(२)
रामायण भागवत समाज के व्यवहार का प्रबंधन है
मानव समाज पशु पक्षियों तक इसका विस्तार है
यह सारे रिश्तों को परिभाषित कर रिश्तों की मिठास है
इसके लिए देवी देवताओं की पसंद उपासना के लिए है

(३)
भगवान विष्णु शेषाशाइशैय्या पर विश्राम करते हैं
ब्रम्हा जी का वाहन गरुड़ है
कृष्ण भगवान गौओं से प्रेम करते हैं
शिवजी का गहना नाग देवता हैं

(४)
शिवजी का वाहन नन्दी बैल है
माता लक्ष्मी का वाहन उल्लू है
माता लक्ष्मी गज लक्ष्मी भी है
माता शीतला का वाहन गधा है

(५)
माता दुर्गा का वाहन सिंह है
भगवान दत्तात्रेय का वाहन कुत्ता है
भगवान गणेश का वाहन चूहा है
माता घूमावती का वाहन कौआ है

(६)
हमारे देवताऔ ने जानवरों को पूज्य बना दिया
भक्तों पर उसकी कृपा की कोई सीमा नहीं है
रामायण भागवत के अनुसार रिश्ते निभाओ तो सही
जिंदगी इतनी खूबसूरत होगी कि कल्पना मुश्किल है

बारिश

(१)
बारिश धरती का श्रंगार है
सौंधी खुशबु का आगाज है
नई कोपल का आगमन है
पल्लवित होने का पल है

(२)
प्रकृति का सुन्दर निखार है
प्रीतम की याद की गुहार है
बिरहा की बेला की तड़प है
कामदेव का आगमन भी है

(३)
बीते साल की गंदगी की धुलाई है
प्रदूषित वायु का अन्त भी है
वायु गुणवत्ता की शुद्धि है
धरती को स्वच्छ बनाती है

(४)
वारिश वृक्षों का श्रंगार है
संसार में व्याप्त प्रदूषण का अंत है
नदियों का जीवन भी है
तालाबों का संग्रह भी है

(५)
वारिश का वीभत्स रूप भी है
वह प्रकृति का जनसंख्या नियंत्रण है
वह नदी नालों में उफान का कारण है
वह बादल फटने का सबब भी है

(६)
वह जमीन धसकने का कारण है
वह पहाड़ो को दरकने का कारण है
वह विनाश की सबब बन सकती है
ज़न हानि का कारण बन सकती है

(७)
प्रत्येक सिक्के के दो पहलू हैं
पहला सकारत्मक होता है
दूसरा नकारत्मक होता है
जो सुख आनंद व दुख दर्द के प्रतिनिधि हैं

क्षणिका

जीवन सुख दु:ख का संगम है
जैसे सरगम तो सरगम ही है
बज जाए तो सुहाना गीत है
न बजे तो सन्नाटे की घड़ी है
यही जीवन की सच्चाई है
जीवन को जियो ऐसे जैसे
पत्थर में गीत की तरंग है

*****

जीवन क्षण भंगुर है अंत तो निश्चित है
फिर भी लोग महत्वाकांक्षा पाले बैठे हैं
कहाँ तक गिरेंगे कोई सीमा निर्धारित नहीं है
खाली हाथ जाना है यह तो निश्चित ही है

पिता का संरक्षण

संरक्षण का दूसरा नाम है पिता।
पिता का अंश है बेटी एवं बेटा
पिता है जन्म दाता
पिता है पालन हरा
मजबूत सम्बल है पिता
तूफानों को रोकता है पिता
कोई आंच नहीं आने देता है पिता
पिता है संकल्प की पराकाष्ठा
पिता संस्कारों का दाता
पिता की बलिष्ठ बांहों मे है संसार मेरा
अन्तर राष्ट्रीय दिवस पर शत शत नमन करता मैं सुत आपका।

सत्य सामने है

अन्त के द्वार पर आ कर जी उठा मैं अनेक बार मर कर
भाव व्यक्त करना कठिन नहीं संकोच भी हवा हो चुका है
अब हर द्वार खुला प्रतीत होता और मीठी बयार भी है
अब कोई भय नहीं न ही परवाह है बस सत्य सामने है

***